सदाबहार कहानियाँ

शरतचंद्र चट्टोपाध्याय

सदाबहार कहानियाँ : शरतचंद्र चट्टोपाध्याय

ISBN : 978-93-92088-80-3

प्रथम संस्करण : जुलाई, 2023
द्वितीय संस्करण : अप्रैल, 2024

पप्रकाशक: **अनबाउंड स्क्रिप्ट**
2/41, अंसारी रोड,
दरियागंज, दिल्ली–110002

वेबसाइट : **www.unboundscript.com**
ई–मेल : **books@unboundscript.com**
फोन : **011-35807601**

Printed in India

मूल्य : ₹ 125/-

अनुक्रम

अनुपमा का प्रेम 5

अभागी का स्वर्ग 18

बालकों का चोर 37

भला बुरा 49

विलासी 59

सती 84

अनुपमा का प्रेम

ग्यारह वर्ष की आयु से ही अनुपमा उपन्यास पढ़-पढ़कर मष्तिष्क को एकदम बिगाड़ बैठी थी। वह समझती थी, मनुष्य के हृदय में जितना प्रेम, जितनी माधुरी, जितनी शोभा, जितना सौंदर्य, जितनी तृष्णा है, सब छान-बीनकर, साफ कर उसने अपने मष्तिष्क के भीतर जमा कर रखी है। मनुष्य- स्वभाव, मनुष्य-चरित्र, उसका नख दर्पण हो गया है। संसार में उसके लिए सीखने योग्य वस्तु और कोई नहीं है, सब कुछ जान चुकी है, सब कुछ सीख चुकी है। सतीत्व की ज्योति को वह जिस प्रकार देख सकती है, प्रणय की महिमा को वह जिस प्रकार समझ सकती है, संसार में और भी कोई उस जैसा समझदार है, अनुपमा इस बात पर किसी तरह भी विश्वाश नहीं कर पाती। अनु ने सोचा- वह एक माधवीलता है, जिसमें मंजरियां आ रही हैं, इस

अवस्था में किसी शाखा की सहायता लिये बिना उसकी मंजरियां किसी भी तरह प्रफ्फुलित होकर विकसित नहीं हो सकतीं। इसलिए ढूँढ-खोजकर एक नवीन व्यक्ति को सहयोगी की तरह उसने मनोनीत कर लिया एवं दो-चार दिन में ही उसे मन प्राण, जीवन, यौवन सब कुछ दे डाला। मन-ही-मन देने अथवा लेने का सबको समान अधिकार है, परन्तु ग्रहण करने से पूर्व सहयोगी को भी (बताने की) आवश्यकता होती है। यहीं आकर माधवीलता कुछ विपत्ति में पड़ गई। नवीन नीरोदकान्त को वह किस तरह जताए कि वह उसकी माधवीलता है, विकसित होने के लिए खड़ी हुई है, उसे आश्रय न देने पर इसी समय मंजरियों के पुष्पों के साथ वह पृथ्वी पर लोटती-पोटती प्राण त्याग देगी।

परन्तु सहयोगी उसे न जान सका। न जानने पर भी अनुमान का प्रेम उत्तरोत्तर वृद्धि पाने लगा। अमृत में विष, सुख में दु:ख, प्रणय में विच्छेद चिर प्रसिद्ध हैं। दो-चार दिन में ही अनुपमा विरह-व्यथा से जर्जर शरीर होकर मन-ही-मन बोली- स्वामी, तुम मुझे ग्रहण करो या न करो, बदले में प्यार दो या न दो, मैं तुम्हारी चिर दासी हूँ। प्राण चले जाएँ यह स्वीकार है, परन्तु तुम्हे किसी भी प्रकार नहीं छोड़ूंगी। इस जन्म में न पा सकूँ तो अगले जन्म में अवश्य पाऊंगी, तब देखोगे सती-

साध्वी की क्षुब्ध भुजाओं में कितना बल है। अनुपमा बड़े आदमी की लड़की है, घर से संलग्न बगीचा भी है, मनोरम सरोवर भी है, वहाँ चाँद भी उठता है, कमल भी खिलते है, कोयल भी गीत गाती है, भौंरे भी गुंजारते हैं, यहाँ पर वह घूमती फिरती विरह व्यथा का अनुभव करने लगी। सिर के बाल खोलकर, अलंकार उतार फेंके, शरीर में धूलि मलकर प्रेम-योगिनी बन, कभी सरोवर के जल में अपना मुँह देखने लगी, कभी आँखों से पानी बहाती हुई गुलाब के फूल को चूमने लगी, कभी आँचल बिछाकर वृक्ष के नीचे सोती हुई हाय की हुताशन और दीर्घ श्वास छोड़ने लगी, भोजन में रुचि नहीं रही, शयन की इच्छा नहीं, साज-सज्जा से बड़ा वैराग्य हो गया, कहानी किस्सों की भाँति विरक्ति हो आई, अनुपमा दिन-प्रतिदिन सूखने लगी, देख सुनकर अनु की माता को मन-ही-मन चिन्ता होने लगी, एक ही तो लड़की है, उसे भी यह क्या हो गया? पूछने पर वह जो कहती, उसे कोई भी समझ नहीं पाता, ओठों की बात ओठों पे रह जाती। अनु की माता फिर एक दिन जगबन्धु बाबू से बोली- अजी, एक बार क्या ध्यान से नहीं देखोगे? तुम्हारी एक ही लड़की है, यह जैसे बिना इलाज के मरी जा रही है।

जगबन्धु बाबू चकित होकर बोले- क्या हुआ उसे?

सो कुछ नहीं जानती। डॉक्टर आया था, देख-सुनकर बोला- बीमारी-वीमारी कुछ नहीं है।

तब ऐसी क्यों हुई जा रही है? – जगबन्धु बाबू विरक्त होते हुए बोले- फिर हम किस तरह जानें?

तो मेरी लड़की मर ही जाए?

यह तो बड़ी कठिन बात है। ज्वर नहीं, खाँसी नहीं, बिना बात के ही यदि मर जाए, तो मैं किस तरह से बचाए रहूंगा? – गृहिणी सूखे मुँह से बड़ी बहू के पास लौटकर बोली- बहू, मेरी अनु इस तरह से क्यों घूमती रहती है?

किस तरह जानूँ, माँ?

तुमसे क्या कुछ भी नहीं कहती?

कुछ नहीं।

गृहिणी लगभग रो पड़ी- तब क्या होगा? बिना खाए, बिना सोए, इस तरह सारे दिन बगीचे में कितने दिन घूमती-फिरती रहेगी, और कितने दिन बचेगी? तुम लोग उसे किसी भी तरह समझाओ, नहीं तो मैं बगीचे के तालाब में किसी दिन डूब मरूँगी।

बड़ी बहू कुछ देर सोचकर चिन्तित होती हुई बोली- देख-सुनकर कहीं विवाह कर दो; गृहस्थी का बोझ पड़ने पर अपने आप सब ठीक हो जाएगा।

ठीक बात है, तो आज ही यह बात मैं पति को बताऊंगी।

पति यह बात सुनकर थोड़ा हँसते हुए बोले- कलिकाल है! कर दो, ब्याह करके ही देखो, यदि ठीक हो जाए।

दूसरे दिन पंडित आया। अनुपमा बड़े आदमियों की लड़की है, उस पर सुन्दरी भी है; वर के लिए चिन्ता नहीं करनी पड़ी। एक सप्ताह के भीतर ही पंडित महाराज ने वर निश्चित करके जगबन्धु बाबू को समाचार दिया। पति ने यह बात पत्नी को बताई। पत्नी ने बड़ी बहू को बताई, क्रमशः अनुपमा ने भी सुनी। दो-एक दिन बाद, एक दिन दोपहर के समय सब मिलकर अनुपमा के विवाह की बातें कर रहे थे। इसी समय वह खुले बाल, अस्त-व्यस्त वस्त्र किए, एक सूखे गुलाब के फूल को हाथ में लिये चित्र की भाँति आ खड़ी हुई। अनु की माता कन्या को देखकर तनिक हँसती हुई बोली- ब्याह हो जाने पर यह सब कहीं अन्यत्र चला जाएगा। दो एक लड़का-लड़की होने पर तो कोई बात ही नहीं! अनुपमा चित्र-लिखित की भाँति सब बातें सुनने लगी। बहू ने फिर कहा- माँ, ननद रानी के विवाह का दिन कब निश्चित हुआ है?

दिन अभी कोई निश्चित नहीं हुआ।

ननदोई जी क्या पढ़ रहे हैं?

इस बार बी.ए. की परीक्षा देंगे।

तब तो बहुत अच्छा वर है। – इसके बाद थोड़ा हँसकर मज़ाक करती हुई बोली- परन्तु देखने में ख़ूब अच्छा न हुआ, तो हमारी ननद जी को पसंद नही आएगा।

क्यों पसंद नही आएगा? मेरा जमाई तो देखने में ख़ूब अच्छा है।

इस बार अनुपमा ने कुछ गर्दन घुमाई, थोड़ा सा हिलकर पाँव के नख से मिट्टी खोदने की भाँति लंगड़ाती-लंगड़ाती बोली- विवाह मैं नहीं करूंगी। – माँ ने अच्छी तरह न सुन पाने के कारण पूछा- क्या है बेटी? – बड़ी बहू ने अनुपमा की बात सुन ली थी। खूब जोर से हँसते हए बोली- ननद जी कहती हैं, वे कभी विवाह नहीं करेंगी।

विवाह नहीं करेगी?

नहीं।

न करे? – अनु की माता मुँह बनाकर कुछ हँसती हुई चली गई। गृहिणी के चले जाने पर बड़ी बहू बोली-तुम विवाह नहीं करोगी?

अनुपमा पूर्ववत गम्भीर मुँह किए बोली- किसी प्रकार भी नहीं।

क्यों?

चाहे जिसे हाथ पकड़ा देने का नाम ही विवाह नहीं है। मन का मिलन न होने पर विवाह करना भूल है! बड़ी बहू चकित होकर अनुपमा के मुँह की ओर देखती हुई बोली- हाथ पकड़ा देना क्या बात होती है? पकड़ा नहीं देंगे तो क्या ल़ड़कियां स्वयं ही देख-सुनकर पसंद करने के बाद विवाह करेंगी?

अवश्य!

तब तो तुम्हारे मत के अनुसार, मेरा विवाह भी एक तरह की भूल हो गया? विवाह के पहले तो तुम्हारे भाई का नाम तक मैंने नहीं सुना था।

सभी क्या तुम्हारी ही भाँति हैं?

बहू एक बार फिर हँसकर बोली- तब क्या तुम्हारे मन का कोई आदमी मिल गया है? अनुपमा बड़ी बहू के हास्य-विद्रूप से चिढ़कर अपने मुँह को चौगुना गम्भीर करती हुई बोली- भाभी मज़ाक क्यों कर रही हो, यह क्या मज़ाक का समय है?

क्यों क्या हो गया?

क्या हो गया? तो सुनो... अनुपमा को लगा, उसके सामने ही उसके पति का वध किया जा रहा है, अचानक कतलू खाँ के किले में, वध के मंच के सामने खड़े हुए विमला और वीरेन्द्र सिंह का दृश्य उसके मन में जग उठा; अनुपमा ने सोचा, वे लोग जैसा कर सकते हैं, वैसा क्या वह नहीं कर सकती? सती-स्त्री संसार में किसका भय करती है? देखते-देखते उसकी आँखें अनैसर्गिक प्रभा से धक्-धक् करके जल उठीं, देखते-देखते उसने आँचल को कमर में लपेटकर कमरबन्द बाँध लिया। यह दृश्य देखकर बहू तीन हाथ पीछे हट गई। क्षण भर में अनुपमा बगल वाले पलंग के पाये को जकड़कर, आँखें ऊपर उठाकर, चीत्कार करती हुई कहने लगी- प्रभु, स्वामी, प्राणनाथ! संसार के सामने आज मैं मुक्त-कण्ठ से चीत्कार करती हूँ, तुम्हीं मेरे प्राणनाथ हो! प्रभु तुम मेरे हो, मैं तुम्हारी हूँ। यह खाट के पाए नहीं, ये तुम्हारे दोनों चरण हैं, मैंने धर्म को साक्षी करके तुम्हें पति-रूप में वरण किया है, इस समय भी तुम्हारे चरणों को स्पर्श करती हुई कह रही हूँ, इस संसार में तुम्हें छोड़कर अन्य कोई भी पुरुष मुझे स्पर्श नहीं कर सकता। किसमें शक्ति है कि प्राण रहते हमें अलग कर सके। अरी माँ, जगत जननी...!

बड़ी बहू चीत्कार करती हुई दौड़ती बाहर आ पड़ी- अरे, देखते हो, ननदरानी कैसा ढंग अपना रही हैं। देखते-देखते गृहिणी भी दौड़ी आई। बहूरानी का चीत्कार बाहर तक जा पहुँचा था- क्या हुआ, क्या हुआ, क्या हो गया? कहते गृहस्वामी और उनके पुत्र चन्द्रबाबू भी दौड़े आए। कर्ता-गृहिणी, पुत्र, पुत्रवधू और दास-दासियों से क्षण भर में घर में भीड़ हो गई। अनुपमा मूर्च्छित होकर खाट के समीप पड़ी हुई थी। गृहिणी रो उठी- मेरी अनु को क्या हो गया? डॉक्टर को बुलाओ, पानी लाओ, हवा करो इत्यादि। इस चीत्कार से आधे पड़ोसी घर में जमा हो गए।

बहुत देर बाद आँखें खोलकर अनुपमा धीरे-धीरे बोली- मैं कहाँ हूँ? उसकी माँ उसके पास मुँह लाती हुई स्नेहपूर्वक बोली- कैसी हो बेटी? तुम मेरी गोदी में लेटी हो।

अनुपमा दीर्घ निःश्वास छोड़ती हुई धीरे-धीरे बोली- ओह तुम्हारी गोदी में? मैं समझ रही थी, कहीं अन्यत्र स्वप्न- नाट्य में उनके साथ बही जा रही थी? पीड़ा-विगलित अश्रु उसके कपोलों पर बहने लगे।

माता उन्हें पोंछती हुई कातर-स्वर में बोली- क्यों रो रही हो, बेटी?

अनुपमा दीर्घ निःश्वास छोड़कर चुप रह गई। बड़ी बहू चन्द्रबाबू को एक ओर बुलाकर बोली- सबको जाने को कह दो, ननदरानी ठीक हो गई हैं। क्रमशः सब लोग चले गए।

रात को बहू अनुपमा के पास बैठकर बोली- ननदरानी, किसके साथ विवाह होने पर तुम सुखी होओगी? अनुपमा आँखें बन्द करके बोली- सुख-दुख मुझे कुछ नहीं है, वही मेरे स्वामी हैं...

सो तो मैं समझती हूँ, परन्तु वे कौन हैं?

सुरेश! मेरे सुरेश...

सुरेश! राखाल मजमूदार के लड़के?

हाँ, वे ही।

रात में ही गृहिणी ने यह बात सुनी। दूसरे दिन सवेरे ही मजमूदार के घर जा उपस्थित हुई। बहुत-सी बातों के बाद सुरेश की माता से बोली- अपने लड़के के साथ मेरी लड़की का विवाह कर लो। सुरेश की माता हँसती हुई बोलीं- बुरा क्या है?

बुरे-भले की बात नहीं, विवाह करना ही होगा!

तो सुरेश से एक बार पूछ आऊँ। वह घर में ही है, उसकी सम्मति होने पर पति को असहमति नहीं होगी। सुरेश उस समय घर में रहकर बी.ए. की परीक्षा की

तैयारी कर रहा था, एक क्षण उसके लिए एक वर्ष के समान था। उसकी माँ ने विवाह की बात कही, मगर उसके कान में नहीं पड़ी। गृहिणी ने फिर कहा- सुरो, तुझे विवाह करना होगा। सुरेश मुँह उठाकर बोला- वह तो होगा ही! परन्तु अभी क्यों? पढ़ने के समय यह बातें अच्छी नहीं लगतीं। गृहिणी अप्रतिभ होकर बोली- नहीं, नहीं, पढ़ने के समय क्यों? परीक्षा समाप्त हो जाने पर विवाह होगा।

कहाँ?

इसी गाँव में जगबन्धु बाबू की लड़की के साथ।

क्या? चन्द्र की बहन के साथ ? जिसे मैं बच्ची कहकर पुकारता हूँ?

बच्ची कहकर क्यों पुकारेगा, उसका नाम अनुपमा है।

सुरेश थोड़ा हँसकर बोला- हाँ, अनुपमा! दुर वह?, दुर, वह तो बड़ी कुत्सित है!

कुत्सित कैसे हो जाएगी? वह तो देखने में अच्छी है!

भले ही देखने में अच्छी! एक ही जगह ससुराल और पिता का घर होना, मुझे अच्छा नहीं लगता।

क्यों? उसमें और क्या दोष है?

दोष की बात का कोई मतलब नहीं! तुम इस समय जाओ माँ, मैं थोड़ा पढ़ लूँ, इस समय कुछ भी नहीं होगा!

सुरेश की माता लौट आकर बोलीं- सुरो तो एक ही गाँव में किसी प्रकार भी विवाह नहीं करना चाहता।

क्यों?

सो तो नही जानती!

अनु की माता, मजमूदार की गृहिणी का हाथ पकड़कर कातर भाव से बोलीं- यह नहीं होगा, बहन! यह विवाह तुम्हें करना ही पड़ेगा।

लड़का तैयार नहीं है; मैं क्या करूँ, बताओ?

न होने पर भी मैं किसी तरह नहीं छोड़ूंगी।

तो आज ठहरो, कल फिर एक बार समझा देखूंगी, यदि सहमत कर सकी।

अनु की माता घर लौटकर जगबन्धु बाबू से बोलीं- उनके सुरेश के साथ हमारी अनुपमा का जिस तरह विवाह हो सके, वह करो!

पर क्यों, बताओ तो? राम गाँव में तो एक तरह से सब निश्चिन्त हो चुका है! उस सम्बन्ध को तोड़ दें क्या?

कारण है।

क्या कारण है?

कारण कुछ नहीं, परन्तु सुरेश जैसा रूप-गुण-सम्पन्न लड़का हमें कहाँ मिल सकता है? फिर, मेरी एक ही तो लड़की है, उसे दूर नहीं ब्याहूँगी। सुरेश के साथ ब्याह होने पर, जब चाहूँगी, तब उसे देख सकूंगी।

अच्छा प्रयत्न करूंगा।

प्रयत्न नहीं, निश्चित रूप से करना होगा। पति नथ का हिलना-डुलना देखकर हँस पड़े। बोले- यही होगा जी।

संध्या के समय पति मजमूदार के घर से लौट आकर गृहिणी से बोले- वहाँ विवाह नहीं होगा।...मैं क्या करूँ बताओ, उनके तैयार न होने पर मैं जबरदस्ती तो उन लोगों के घर में लड़की को नहीं फेंक आऊंगा!

करेंगे क्यों नहीं?

एक ही गाँव में विवाह करने का उनका विचार नहीं है।

गृहिणी अपने मष्तिष्क पर हाथ मारती हुई बोली- मेरे ही भाग्य का दोष है।

दूसरे दिन वह फिर सुरेश की माँ के पास जाकर बोली- दीदी, विवाह कर लो।

मेरी भी इच्छा है; परन्तु लड़का किस तरह तैयार हो?

मैं छिपाकर सुरेश को और भी पाँच हज़ार रुपए दूंगी।

रुपयों का लोभ बड़ा प्रबल होता है। सुरेश की माँ ने यह बात सुरेश के पिता को जताई। पति ने सुरेश को बुलाकर कहा – सुरेश, तुम्हें यह विवाह करना ही होगा।

क्यों?

क्यों, फिर क्यों? इस विवाह में तुम्हारी माँ का मत ही मेरा भी मत है, साथ-ही-साथ एक कारण भी हो गया है।

सुरेश सिर नीचा किए बोला- यह पढ़ने-लिखने का समय है, परीक्षा की हानि होगी।

उसे मैं जानता हूँ, बेटा! पढ़ाई-लिखाई की हानि करने के लिए तुमसे नहीं कह रहा हूँ। परीक्षा समाप्त हो जाने पर विवाह करो।

जो आज्ञा!

अनुपमा की माता की आनन्द की सीमा न रही। फौरन यह बात उन्होंने पति से कही। मन के आनन्द के कारण दास-दासी सभी को यह बात बताई। बड़ी बहू ने अनुपमा को बुलाकर कहा- यह लो! तुम्हारे मन चाहे वर को पकड़ लिया है।

अनुपमा लज्जापूर्वक थोड़ा हँसती हुई बोली- यह तो मैं जानती थी!

किस तरह जाना? चिट्ठी-पत्री चलती थी क्या?

प्रेम अन्तर्यामी है! हमारी चिट्ठी-पत्री हृदय में चला करती है।

धन्य हो, तुम जैसी लड़की!

अनुपमा के चले जाने पर बड़ी बहू ने धीरे-धीरे मानो अपने आप से कहा- देख-सुनकर शरीर जलने लगता है। मैं तीन बच्चों की माँ हूँ और यह आज मुझे प्रेम सिखाने आई है।

अभागी का स्वर्ग

एक सात दिनों तक ज्वरग्रस्त रहने के बाद ठाकुरदास मुखर्जी की वृद्धा पत्नी की मृत्यु हो गई। मुखोपाध्याय महाशय अपने धान के व्यापार से काफी समृद्ध थे। उन्हें चार पुत्र, चार पुत्रियां और पुत्र-पुत्रियों के भी बच्चे, दामाद, पड़ोसियों का समूह, नौकर-चाकर थे-मानो यहां कोई उत्सव हो रहा हो। धूमधाम से निकलने वाली शव-यात्रा को देखने के लिए गांव वालों की काफी भीड़ इकट्ठी हो गई। लड़कियों ने रोते-रोते माता के दोनों पांवों में गहरा आलता और मस्तक पर बहुत-सा सिन्दूर लगा दिया। बहुओं ने ललाट पर चन्दन लगाकर बहुमूल्य वस्त्रों से सास की देह को ढंक दिया, और अपने आंचल के कोने से उनकी पद-धूलि झाड़ दी। पत्र, पुष्प, गन्ध, माला और कलरव से मन को यह लगा

ही नहीं कि यहां कोई शोक की घटना हुई है-ऐसा लगा जैसे बड़े घर की गृहिणी, पचास वर्षों बाद पुन: एक बार, नयी तरह से अपने पति के घर जा रही हो। शान्त मुख से वृद्ध मुखोपाध्याय अपनी चिर-संगिनी को अन्तिम विदा देकर, छिपे-छिपे दोनों आंखों के आंसू पोंछकर, शोकार्त कन्या और बहुओं को सान्त्वना देने लगे। प्रबल हरि-ध्वनि (राम नाम सत्य है) से प्रात:कालीन आकाश को गुंजित कर सारा गांव साथ-साथ चल दिया। एक दूसरा प्राणी भी थोड़ी दूर से इस दल का साथी बन गया-वह थी कंगाली की मां। वह अपनी झोंपड़ी के आंगन में पैदा हुए बैंगन तोड़कर, इस रास्ते से हाट जा रही थी। इस दृश्य को देखकर उसके पग हाट की ओर नहीं बढ़े। उसका हाट जाना रुक गया, और उसके आंचल में बैंगन बंधे रह गए। आंखों से आंसू बहाती हुई-वह सबसे पीछे श्मशान में आ उपस्थित हुई। श्मशान गांव के एकान्त कोने में गरुड़ नदी के तट पर था। वहां पहले से ही लकड़ियों का ढेर, चन्दन के टुकड़े, घी, धूप, धूनी आदि उपकरण एकत्न कर दिए गए थे। कंगाली की मां को निकट जाने का साहस नहीं हुआ। अत: वह एक ऊंचे टीले पर खड़ी होकर शुरू से अन्त तक सारी अन्त्येष्टि क्रिया को उत्सुक नेत्नों से देखने लगी। चौड़ी और बड़ी चिता पर जब शव रखा गया, उस समय शव के दोनों रंगे हुए पांव देखकर उसके दोनों नेत्न शीतल हो गए।

उसकी इच्छा होने लगी कि दौड़कर मृतक के पांवों से एक बूंद आलता लेकर वह अपने मस्तक पर लगा ले। अनेक कण्ठों की हरिध्वनि के साथ पुत्र के हाथों में जब मन्त्रपूत अग्नि जलाई गई, उस समय उसके नेत्रों से झर-झर पानी बरसने लगा। वह मन-ही-मन बारम्बार कहने लगी-'सौभाग्यवती मां, तुम स्वर्ग जा रही हो-मुझे भी आशीर्वाद देती जाओ कि मैं भी इसी तरह कंगाली के हाथों अग्नि प्राप्त करूं।' लड़के के हाथ की अग्नि ! यह कोई साधारण बात नहीं।

पति, पुत्र, कन्या, नाती, नातिन, दास, दासी, परिजन-सम्पूर्ण गृहस्थी को उज्जवल करते हुए यह स्वर्गारोहण देखकर उसकी छाती फूलने लगी- जैसे इस सौभाग्य की वह फिर गणना ही नहीं कर सकी। सद्य प्रज्वलित चिता का अजस्र धुआं नीले रंग की छाया फेंकता हुआ घूम-घूमकर आकाश में उठ रहा था। कंगाली की मां को उसके बीच एक छोटे-से रथ की आकृति जैसे स्पष्ट दिखाई दे गई। उस रथ के चारों ओर कितने ही चित्र अंकित थे। उसके शिखर पर बहुत से लता-पत्र जड़े हुए थे। भीतर जैसे कोई बैठा हुआ था-उसका मुँह पहचान में नहीं आता, परन्तु उसकी मांग में सिंदूर की रेखा थी और दोनों पदतल आलता (महावर) से रंगे हुए थे। ऊपर देखती हुई कंगाली की मां की दोनों

आंखों से आंसुओं की धारा वह रही थी। इसी बीच एक पन्द्रह-सोलह वर्ष की उम्र के बालक ने उसके आंचल को खींचते हुए कहा-'तू यहां आकर खडी है, मां, भात नहीं रांधेगी ?'

चौंकते हुए पीछे मुड़कर मां ने कहा-'राधूंगी रे ! अचानक ऊपर की ओर अंगुली उठाकर व्यग्र स्वर में कहा-'देख-देख बेटा ब्राह्मणी मां उस रथ पर चढ़कर स्वर्ग जा रही हैं !'

लड़के ने आश्चर्य से मुंह उठाकर कहा-'कहां ?' फिर क्षणभर निरीक्षण करने के बाद बोला-'तू पागल हो गई है मां ! वह तो धुआं है।' फिर गुस्सा होकर बोला- 'दोपहर का समय हो गया, मुझे भूख नहीं लगती है क्या ?' पर मां की आंखों में आंसू देखकर बोला-'ब्राह्मणों की बहू मर गई है, तो तू क्यों रो रही है, मां ?'

कंगाली की मां को अब होश आया। दूसरे के लिए- श्मशान में खड़े होकर इस प्रकार आंसू बहाने पर वह मन-ही-मन लज्जित हो उठी। यही नहीं, बालक के अकल्याण की आशंका से तुरन्त ही आंखें पोंछकर तनिक सावधान-संयत होकर बोली-'रोऊंगी किसके लिए रे-आंखों में धुआं लग गया; यही तो !

'हां, धुआं तो लग ही गया था ! तू रो रही थी।'

मां ने और प्रतिवाद नहीं किया। लड़के का हाथ पकड़कर घाट पर पहुंची; स्वयं भी स्नान किया और कंगाली को भी स्नान कराकर घर लौट आई-श्मशान पर होने वाले संस्कार के अन्तिम भाग को देखना उसके भाग्य में नहीं बदा था।

दो

सन्तान के नामकरण के समय माता-पिता की मूर्खता पर, विधाता अन्तरिक्ष में बैठे हुए-अधिकतर केवल हँसकर ही सन्तुष्ट नहीं हो जाते, तीव्र प्रतिवाद भी करते हैं। इसी से उनका सम्पूर्ण जीवन-उनके स्वयं के नामों को ही मरण-पर्यन्त चिढ़ाता रहता है। कंगाली की मां के जीवन का इतिहास छोटा-सा है, परन्तु उस छोटे-से कंगाली-जीवन ने विधाता के इस परिहास से छुटकारा पा लिया है। उसके जन्म के बाद ही उसकी मां मर गई, पिता ने क्रुद्ध होकर उसका नाम रक्खा 'अभागी'। मां थी नहीं, पिता नदी में मछली पकड़ते घूमता रहता था-वह न दिन देखता, न रात। फिर भी न जाने किस प्रकार, छोटी-सी अभागी एक दिन कंगाली की मां बनने के लिए बची रही-यह एक आश्चर्य की बात है। जिसके साथ विवाह हुआ, उसका नाम था रसिक

बाघ। कुछ दिन बाद ही वह अभागी को छोड़कर दूसरे गांव में चला गया; अभागी अपने अभाग्य एवं उस शिशुपुत्र कंगाली को लेकर गांव में ही पड़ी रही।

उसका वही कंगाली आज बड़ा होकर पन्द्रहवें वर्ष में पदार्पण कर रहा है। फिलहाल उसने बेंत का काम सीखना आरम्भ किया है। अभागी को आशा होने लगी है कि और एक वर्ष तक अपने अभाग्य के साथ जूझ लेने पर उसका दु:ख अतिरिक्त और कोई नहीं जानता।

कंगाली ने पोखर से हाथ-मुंह धोकर लौटकर देखा-उसके भोजन की थाली के बचे भोजन को मां एक मिट्टी के पात्र से ढक कर रख रही है। आश्चर्यचकित होकर उसने पूछा-'तुमने नहीं खाया मां ?'

'बहुत देर हो गई बेटा-अब भूख नहीं रही।'

लड़के ने विश्वास नहीं किया, बोला-'नहीं, भूख क्यों नहीं रही ? कहां है, देखूं तो तेरी हांडी ?'

इस छलना द्वारा वह बहुत दिनों से कंगाली को धोखा देती आ रही है; आज उसने हांडी देखकर ही छोड़ी। उसमें केवल एक ही व्यक्ति के भोजन के लिए भात था। तब वह प्रसन्न मुख से मां की गोद में जा बैठा। इस उम्र के बालक साधारणत: इस प्रकार नहीं करते, परन्तु शैशव से अक्सर बीमार रहने के कारण मां की

गोद छोड़कर उसे बाहर के संगी-साथियों में हिलमिल जाने का सुयोग नहीं मिला। एक बांह गले में डालकर, मुंह के ऊपर मुंह रखकर कंगाली ने चकित स्वर में कहा- 'मां, तेरा शरीर तो गर्म है; तू क्यों धूप में खड़ी होकर-मुर्दे को जलता हुआ देखने गई ? फिर क्यों जाकर नहा आई ?...मुर्दा जलना क्या तैने.. ।'

मां ने झटपट लड़के के मुंह को हाथ से दबाते हुए कहा-'छि: बच्चे, मुर्दा जलना नहीं कहते, पाप होता है ! सती लक्ष्मी महारानी रथ पर चढ़कर स्वर्ग गई हैं।'

बालक ने सन्देह करते हुए कहा-'तेरे पास एक ही बात है मां। रथ पर चढ़कर भी कहीं कोई स्वर्ग जाता है ?'

मां बोली-'मैंने तो आंखों से देखा है कंगाली-ब्राह्मणी मां रथ के ऊपर बैठी थीं। उनके रंगे हुए दोनों पांवों को सबने अपनी आंखों से देखा है रे !'

'सबने देखे हैं ?'

'हां, सभी ने देखे हैं !'

कंगाली मां की छाती से चिपककर बैठा सोचने लगा। मां का विश्वास करना ही उसकी आदत है, विश्वास करने की ही उसने बचपन से शिक्षा पाई है। वही मां जब कह रही है कि सबने आंखें गड़ाकर इतनी बड़ी बात को देखा-तब अविश्वास करने का फिर कोई कारण

ही नहीं है। थोड़ी देर बाद वह धीरे-धीरे बोला-'तब तो तू भी स्वर्ग जाएगी मां ? बिंदी की मां उस दिन राखाल की बुआ से कह रही थीं-कंगाली की मां के समान सती लक्ष्मी दूलों के मुहल्ले में और कोई नहीं है।'

कंगाली की मां चुप रह गई। कंगाली उसी प्रकार धीरे-धीरे कहने लगा-'पिता ने जब तुझे छोड़ दिया, तब कितने दुःख और कष्ट तुझे झेलने पड़े। फिर भी एक दिन के लिए भी पिता पर तेरा क्रोध नहीं देखा गया। तुझे आशा थी कि कंगाली के बचने पर तेरा दुःख दूर हो जाएगा। हां मां, तेरे न बचने पर मैं कहां बचता ? मैं तो बिना खाये-पीए, उतने दिनों में कब का मर गया होता।'

मां ने लड़के को दोनों हाथों से पकड़कर छाती से चिपटा लिया। वस्तुतः अनेक प्रकार के परामर्श देने वाले लोगों का अभाव न होते हुए भी सहायता करने वाला व्यक्ति उन दिनों कोई नहीं मिल पाया था। यही नहीं, और भी बहुत उपद्रव उसके साथ किया गया था। उन बातों को स्मरण कर अभागी की आंखों से पानी बहने लगा। लड़का अपने हाथ से इन्हें पोंछता हुआ बोला-'कथरी बिछा दूं मां, सोएगी ?'

मां चुप रही। कंगाली ने चटाई बिछाई, कथरी बिछाई, माचे के ऊपर से तकिया उठाकर रख दिया। फिर उसे बिछौने की ओर खींचकर ले जाने लगा तो मां

बोली-'कंगाली, आज तुझे काम पर जाने की जरूरत नहीं।'

काम-काज न करने का प्रस्ताव कंगाली को बहुत अच्छा लगा, परन्तु बोला-'जलपान के दो पैसे फिर वह नहीं देगा मां।'

'न दे-आ तुझे एक कथा सुनाऊं।'

और नहीं लुभाना पड़ा, कंगाली उसी क्षण मां की छाती से लगकर लेटते हुए बोला-'तो अब कह ! राजपुत्र, कोतवाल का पुत्र और वह पक्षीराज घोड़ा... ।'

अभागी ने राजपुत्र, कोतवाल के पुत्र और पक्षीराज घोड़े की बात से कहानी आरम्भ की। ये सब उसकी दूसरों से बहुत दिनों की सुनी एवं कितनी ही बार कही हुई कथाएं थीं। परन्तु कुछ देर बाद ही-कहां गया उसका राजपुत्र, और कहां गया उसका कोतवाल का पुत्र-उसने इस प्रकार उपकथा आरम्भ की कि जो उसने दूसरे से नहीं सीखी थी-स्वयं की रचना थी। उसका स्वर जितना बढ़ने लगा, उष्ण रक्त-स्रोत जितने द्रुतवेग से मस्तिष्क में बहने लगा, उतनी ही वह जैसे नयी-नयी उपकथाओं के इन्द्रजाल की रचना करने लगी। उनका विराम नहीं था, विच्छेद नहीं था-कंगाली की छोटी-सी देह बार-बार रोमांचित होने लगी ! भय, विस्मय और पुलक से वह जोर से मां के गले को पकड़कर उसकी छाती में जैसे समा जाने की कोशिश करने लगा।

बाहर दिन ढल चुका था। सूर्य अस्ताचल को चले गए, सन्ध्या की म्लान छाया प्रगाढ़ होती हुई चराचर को व्याप्त कर उठी; परन्तु घर के भीतर आज फिर दीपक नहीं जला, गृहस्थी का शेष कर्तव्य पूरा करने के लिए कोई उठा नहीं-निविड़ अन्धकार में केवल रुग्ण माता का अबोध, गुंजन, निस्तब्ध पुत्र के कानों में सुधावर्षण करता हुआ चलने लगा। वह उसी श्मशान और श्मशान की कहानी थी-वही रथ, वही दोनों रंगे हुए पांव, वही उसका स्वर्ग जाना। किस प्रकार शोकार्त्त पति ने अन्तिम पदधूलि देकर रोते हुए विदा ली, किस प्रकार हरिध्वनि करते हुए लड़के माता को ढोते हुए ले गए, उसके पश्चात् सन्तान के हाथ की अग्नि। वह अग्नि केवल अग्नि ही नहीं कंगाली, वह तो साक्षात् हरिस्वरूप थी ! उसका आकाश तक उठा हुआ धुआं, धुआं नहीं था बच्चे, वह तो स्वर्ग का रथ था !

'कंगालीचरण, मेरे बेटे !'

'क्या मां ?'

'तेरे हाथ की अग्नि यदि पा लूँ बेटे, तो ब्राह्मणी मां की भांति मैं भी स्वर्ग जा सकूंगी।'

कंगाली ने अस्फुट स्वर में केवल यह कहा-'जा-ऐसा नहीं कहते।'

मां उस बात को शायद सुन भी नहीं सकी; उष्ण निःश्वास छोड़कर कहने लगी-'छोटी जात की होने पर भी, तब कोई घृणा नहीं कर सकेगा-दुःखी होने पर भी कोई रोककर नहीं रख सकेगा। आह! लड़के के हाथ की अग्नि-रथ को तो आना ही पड़ेगा !'

लड़के ने मुंह ऊपर मुंह रखकर भर्राये कण्ठ से कहा-'ऐसा मत कहो मां, मुझे बड़ा डर लगता है।'

मां ने कहा-'और देख कंगाली, तेरे पिता को एक बार पकड़ लाऊंगी, वैसे ही अपने पांव की धूलि मस्तक पर देकर वे मुझे विदा करेंगे। वैसे ही पांवों में आलता, माथे पर सिन्दूर देकर-परन्तु कौन उसे देगा ? तू देगा न रे कंगाली। तू मेरा लड़का है, तू ही मेरी लड़की है-तू ही मेरा सर्वस्व है।' कहते-कहते उसने लड़के को कसकर छाती से चिपटा लिया।

तीन

अभागी के जीवन-नाटक का अन्तिम अंक समाप्त हो चला है-जिसका विस्तार अधिक नहीं, सामान्य ही है। जान पड़ता है, तीस वर्ष ही अब तक पार हुए होंगे, या न हुए होंगे। अन्त भी हुआ उसी प्रकार सामान्य भाव से। गांव में वैद्य नहीं थे, दूसरे गांव में उनका निवास

था। कंगाली जाकर रोया-धोया, हाथ-पांव जोड़े, अन्त में लोटा गिरवी रखकर उन्हें एक रुपये की प्रणामी (सलामी) दी। उस सबका कितना आयोजन करना पड़ा-खरल, मधु, अदरक का सत्व, तुलसी के पत्तों का रस। कंगाली की मां ने लड़के से नाराज होकर कहा-'क्यों तू मुझे बिना बताये लोटा गिरवी रखने चला गया, बच्चे?' हाथ झुकाकर कई गोलियां लेकर, उन्हें माथे से लगाकर फेंकते हुए उसने कहा-'अच्छी होऊंगी तो वैसे ही हो जाऊंगी। बाग्दी-दूलों के घर में अभी भी कोई औषधि खाने से नहीं बचता।'

दो-तीन दिन इसी प्रकार बीत गए। पड़ोसी खबर पाकर देखने के लिए आये। वे जो घरेलू नुस्खे जानते थे-हिरन के सींग का घिसा हुआ पानी, गिट्टी-कौड़ी जलाकर शहद में मिलाकर चटा देना इत्यादि-बिना खर्चे की ओषधियों को बता सब अपने काम से चले गए। बालक कंगाली घबड़ा उठा। मां ने उसे गोद में खींचते हुए कहा-'वैद्य की गोलियों से कुछ नहीं होता बेटे! और उन लोगों की ओषधियों से क्या काम चलेगा? मैं ऐसे ही अच्छी हो जाऊंगी।'

कंगाली ने रोते हुए कहा-'तुमने गोलियां खाई ही नहीं मां, चूल्हे में फेंक दीं। ऐसे क्या कोई अच्छा होता है?'

'मैं ऐसे ही अच्छी हो जाऊंगी ! अच्छा, देख,-तू थोड़ा-सा भात-वात बनाकर खा ले, मैं भी देखूंगी।'

कंगाली पहली बार अनभ्यस्त हाथों से भात रांधने लगा। न तो वह मांड ही निकाल सका, न अच्छी तरह पसा ही सका। चूल्हा उससे जलता नहीं-उसमें पानी गिर पड़ने से धुआं होता है, भात पसाते समय चारों ओर गिर पड़ता है। मां के नेत्र छलछला आए। उसने स्वयं एक बार उठने की चेष्टा की; परन्तु माथा सीधा न कर सकी, खाट पर ही लुढ़क गई। खाना बन जाने पर बालक को पास बुलाकर, किस प्रकार क्या करना होता है, इसका विधिवत् उपदेश करते समय उसका क्षीण कण्ठ अवरुद्ध हो गया, आंखों से जल की अविरल धारा बहने लगी।

गांव का ईश्वर नाई नाड़ी देखना जानता था। दूसरे दिन सबेरे उसने नाड़ी देखकर उसी के सामने मुंह को गम्भीर बना लिया। कंगाली की मां ने इसका अर्थ समझा; परन्तु उसे भय भी नहीं लगा। सब लोगों के चले जाने पर उसने लड़के से कहा-'एक बार उन्हें बुलाकर ला सकता है बेटे ?'

'किसे मां ?'

'उन्हीं को रे-उस गांव में जो चले गये हैं।'

कंगाली ने समझते हुए भी पूछा-'पिता को !'

अभागी चुप रह गई।

कंगाली बोला-'वे आएंगे क्या मां ?'

अभागी को स्वयं भी पूरा सन्देह था, तो भी धीरे-धीरे कहा-'जाकर कहना-मां केवल आपके पांवों की धूलि चाहती है।'

वह उसी समय जाने को तैयार हो गया। तब उसका हाथ पकड़कर वह बोली-'थोड़ा-सा रोना-धोना बेटे। कहना-मां जा रही है।'

कुछ ठहरकर बोली,'लौटते समय नाइन-भाभी से थोड़ा-सा आलता ले आना कंगाली; मेरा नाम लेते ही वह दे देगी-मुझे बहुत प्यार करती है।'

प्यार उसे बहुत-सी करती हैं। ज्वर होने की अवधि से मां के मुख से इन कई वस्तुओं की बातें इतनी बार, इतनी प्रकार से सुनी हैं कि वह वहां से रोता अपनी यात्रा पर चल दिया।

चार

दूसरे दिन रसिक दूले समयानुसार जब आ उपस्थित हुआ; उस समय अभागी को जरा भी होश नहीं था। मुंह पर मृत्यु की छाया पड़ रही थी, आंखों की दृष्टि इस संसार के कार्य को त्यागकर किसी अनजाने देश में चली गई थी। कंगाली ने रोकर कहा-'अरी मां ! पिता आए हैं-पांव की धूलि लोगी न ?'

मां शायद समझी, शायद नहीं समझी; शायद गहराई तक संचित उसकी वासना ने, संस्कार की भांति-उसकी दबी हुई चेतना पर आघात पहुंचाया। इस मृत्युपथ के यात्री ने अपनी विवश भुजाओं को शय्या से बाहर बढ़ाकर हाथ झुका दिए।

रसिक हतप्रभ खड़ा रहा। पृथ्वी पर उसकी पद-धूलि का कोई प्रयोजन है, इसे भी कोई चाह सकता है-यह उसकी कल्पना से परे था। बिन्दी की बुआ खड़ी हुई थी, उसने कहा-'दो बाबा, थोड़ी-सी-पांवों की धूलि दो।'

रसिक आगे बढ़ आया। जीवन-भर स्त्री को उसने प्यार नहीं दिया, भोजन-वस्त्र नहीं दिया, कोई खोज-खबर नहीं ली; अब मृत्युकाल में उसे केवल थोड़ी-सी पद-धूलि देते समय वह रो उठा। राखाल की मां बोली-

'ऐसी सती-लक्ष्मी ब्राह्मण-कायस्थों के घर में न जन्म लेकर, हम दूलों के घर में क्यों जन्मी ? अब तो उसकी गति सुधार दो बेटा-'कंगाली के हाथ से अग्नि पाने के लोभ में उसने अपने प्राण दे दिए।'

अभागी के अभाग्य के देवता ने परोक्ष में बैठकर क्या सोचा था, पता नहीं; पर बालक की छाती में वह बात तीर की भांति बिंध गई।

उस दिन, दिन का समय तो कट गया, पहली रात भी कट गई; परन्तु सबेरे के लिए कंगाली की मां और प्रतीक्षा नहीं कर सकी। कौन जाने इतनी छोटी जाति के लिए भी स्वर्ग के रथ की व्यवस्था है अथवा नहीं, अथवा अन्धेरे में पैदल ही उन्हें जाना पड़ता है-परन्तु यह समझ में आ गया कि रात पूरी समाप्त होने से पहले ही उसने इस दुनिया को त्याग दिया।

झोंपड़ी के आंगन में एक बेल का पेड़ है। कहीं से कुल्हाड़ी लाकर रसिक ने चोट की अथवा नहीं की, परन्तु जमींदार का दरबान कहीं से दौड़ा चला आया और उसके गाल पर तड़ाक् से एक चांटा कस दिया, फिर कुल्हाड़ी छीनता हुआ बोला-'बेटा, यह क्या तेरा अपना पेड़ है जो काटने लग गया ?'

रसिक गाल पर हाथ फेरने लगा। कंगाली रोता हुआ-सा बोला-वाह, यह तो मेरी मां के हाथ का लगाया हुआ पौधा है दरबानजी। पिताजी को तुमने खामखाह क्यों मारा ?'

हिन्दुस्तानी दरबान तब उसे भी एक गाली देकर मारने चला; परन्तु वह अपनी मरी हुई मां की मृत देह से स्पर्श किए हुए बैठा था, अत: अशौच के भय से उसके शरीर पर हाथ नहीं मारा। शोरगुल से एक भीड़ जमा हो गई। किसी ने भी इस बात से इन्कार नहीं किया, कि बिना आज्ञा लिए रसिक का पेड़ काटना ठीक नहीं था। वे सब फिर दरबानजी के हाथ-पांव जोड़ने लगे कि कृपा करके उसे हुक्म दे दें। कारण, बीमारी के समय जो कोई देखने को आया था, कंगाली की मां उसी का हाथ पकड़कर अपनी अन्तिम अभिलाषा व्यक्त कर गई थी।

दरबान भुलावे में आ जाने वाला पात्र नहीं था; उसने हाथ हिलाकर कहा-'यह सब चालाकी मेरे सामने नहीं चल सकती।'

जमींदार स्थानीय व्यक्ति नहीं थे। गूंद में उनकी एक कचहरी है। गुमाश्ता अघर राय उनके कारिन्दे हैं।

जिस समय सब लोग दरबान से निरर्थक विनय प्रार्थना करने लगे, कंगाली लंबी-लंबी सांसें लेकर दौड़ता हुआ एकदम कचहरी वाले मकान में पहुंच गया।

उसने लोगों के मुंह से सुना था कि प्यादे लोग घूस लेते हैं। उसे निश्चित रूप से विश्वास हो गया कि इतने बड़े असंगत-अत्याचार की बात अगर मालिक को जाकर बता दी जाए, तो इसका कोई प्रतिकार हुए बिना नहीं रहेगा। हाय रे अबोध! बंगाल के जमींदारों और उनके कर्मचारियों को वह जानता नहीं था। मातृहीन बालक शोक तथा उत्तेजना से उद्‌भ्रान्त होकर एकदम ऊपर चढ़ता चला गया।

अघर राय अभी-अभी संध्या-पूजा तथा थोड़ा बहुत जलपान करने के बाद बाहर आए थे। विस्मित और क्रुद्ध होकर बोले, क्या है रे?'

'मैं कंगाली हूं। दरबान ने मेरे पिता को मारा है।'

'ठीक किया। लगान नहीं देता होगा अभागा शायद ।'

कंगाली बोला, 'नहीं, बाबूजी, पिताजी पेड़ काट रहे थे। मेरी मां मर गई है।'

कहते-कहते वह अपनी रुलाई नहीं रोक सका।

सवेरे-सवेरे इस रोने-धोने से अघर अत्यन्त खीज उठे। लड़का मुर्दा छूकर आया है। क्या पता यहां भी कुछ छू-छा न दिया हो! धमकाते हुए बोले, 'मां मर गई है तो नीचे जाकर खड़ा हो। अरे कौन है रे, इस जगह थोड़ा-सा गोबर-पानी डाल दो। किस जाति का लड़का है तू?'

कंगाली ने भयभीत हो आँगन में उतर कर खड़े होकर कहा, हम लोग दूले हैं ।

अघर ने कहा, दूले ? दूले के मुर्दे के लिए लकड़ी का क्या होगा, सुनूँ तो ?

कंगाली बोला, माँ जो मुझे अग्नि देने के लिए कह गई है ? आप पूछ लीजिए न बाबूजी, माँ तो सभी से कह गई है, सभी ने इस बात को सुना है। माँ की बात कहते समय उसके प्रत्येक क्षण के अनुरोध-उपरोध तुरन्त ही याद आ जाने से उसका कण्ठ मानो रुलाई के कारण फट पड़ना चाहने लगा।

अघर ने कहा, माँ को जलाना चाहता है तो पेड़ के दाम पाँच रुपए लाओ। ला सकेगा ?

कंगाली जानता था यह असम्भव है। उसका उत्तरीय खरीदने के लिए मूल्य के रूप में उसके भात खाने की पीतल की थाली को बिन्दी की बुआ एक रुपये में गिरवी रखने गई है, इसे वह आँखों से देख आया है। उसने गरदन को हिलाया, बोला, 'नहीं'।

अघर ने मुंह को अत्यन्त विकृत बनाते हुए कहा, नहीं तो माँ को ले जाकर नदी के बहाव में बहा दे। किसके पेड़ पर तेरा बाप कुल्हाड़ी चलाने जा रहा है-- पाजी, अभागा, बदमाश।

कंगाली बोला, वह हमारे आँगन का पेड़ है- बाबूजी-? वह तो मेरी माँ के हाथ का बोया हुआ पौधा है।

हाथ का बोया हुआ पेड़ है ! पाँड़े, सुअर के गले में धक्का मार कर बाहर निकाल दो तो । पांड़े ने आकर गले में धक्का दिया एवं ऐसी बातें कहीं कि जिन्हें केवल ज़मीदार के कर्मचारी कह सकते हैं।

कंगाली धूलि झाड़कर उठ खड़ा हुआ, उसके बाद धीरे-धीरे बाहर निकल गया, क्यों उसने मार खाई, क्या उसका अपराध था लड़का इसे सोच भी नहीं पाता।

गुमाश्ते के निर्विकार हृदय में दाग़ तक नहीं पड़ा। पड़ने पर यह नौकरी उसे नहीं मिलती। कहा, परेश, देख तो इस बेटा का लगान बाकी पड़ा है कि नहीं। हो तो इसका जाल-वाल जो कुछ हो छीन ले आकर रख देना- -अभागा भाग कर जा सकता है।

मुखर्जियों के घर श्राद्ध का दिन बीच में केवल एक दिन बाकी है। समारोह का आयोजन गृहिणी के उपयुक्त होने का प्रयत्न हो रहा है। वृद्ध ठाकुरदास स्वयं ही देख-रेख करते हुए घूम रहे हैं, कंगाली ने आकर उनके सामने खड़े होकर कहा, पण्डितजी, मेरी माँ मर गई है ।

तू कौन है? क्या चाहता है तू ?

मैं कंगाली हूँ। माँ कह गई है उसे अग्नि देने के लिए।

तो दे न।

कचहरी की घटना इस बीच सब के मुंह से प्रचारित हो चुकी थी, एक आदमी ने कहा, उसे शायद एक पेड़ चाहिए। यह कह कर उसने घटना-को प्रकट कर दिया।

मुखोपाध्याय ने विस्मित और विरक्त होकर कहा सुनो इसकी बातें ! हमें ही कितनी लकड़ी की जरूरत है, कल के बाद परसों काम है जा-जा, यहाँ कुछ नहीं होगा--यहाँ कुछ नहीं होगा। यह कहकर अन्यत्र चल दिए।

भट्टाचार्य महाशय, समीप ही बैठे हुए फर्द बना रहे थे, वे बोले, तेरी जाति में कोई कब जलाया जाता है रे--जा, मुंह में थोड़ी- सी आग रखकर नदी की धार में मिट्टी दे देना ।

मुखोपाध्याय महाश्य का बड़ा लड़का व्यस्त भाव से इस ओर से कहीं को जा रहा था, उसने कान खड़े कर कुछ सुनते हुए कहा, देखते हैं भट्टाचार्य महाशय, ये सब बेटे ब्राह्मण कायस्थ हो जाना चाहते हैं। कह कर काम की जल्दी में और कहीं चला गया। कंगाली ने और प्रार्थना नहीं की। इन दो घण्टों के अनुभव से संसार में वह जैसे एकदम बूढ़ा हो गया था। चुपचाप धीरे-धीरे अपनी मरी हुई माँ के पास जा उपस्थित हुआ।

नदी की धार के पास गढ्डा खोदकर अभागी को सुला दिया गया। राखाल की माँ ने कंगाली के हाथ में एक पुआल की आंटी जला कर दे दी। उसी हाथ से माँ के मुख को स्पर्श करवा कर हटवा दिया। तदुपरान्त सबने मिलकर मिट्टी से ढँक कर कंगाली की माँ के अन्तिम चिह्न तक को विलुप्त कर दिया ।

सब अपने कामों में व्यस्त हो गए--परन्तु उस पुआल की आंटी से जो थोड़ा-सा धुआं निकल कर आकाश की ओर उठ रहा था, उसकी ओर अपलक नेत्रों से देखता हुआ कंगाली ऊर्धव-दृष्टि से सतब्ध खड़ा हुआ था ।

बालकों का चोर

उन दिनों चारों ओर यह खबर फैल गई कि रूपनारायण-नद के ऊपर रेल का पुल बनेगा, परंतु पुल का काम रुका पड़ा है, इसका कारण यह है कि पुल की देवी तीन बच्चों की बलि चाहती है, बलिदान दिए बिना पुल नहीं बन सकता। तत्पश्चात् खबर फैली कि दो बच्चे पकड़कर जीवित ही पुल के खंभे के नीचे गाड़ दिए गए हैं, अब केवल एक लड़के की खोज है, उसके मिल जाने पर पुल तैयार हो जाएगा। यह भी सुना गया कि रेलवे-कंपनी के आदमी लड़के की खोज में शहर तथा गाँवों में चक्कर लगा रहे हैं। कोई नहीं कह सकता कि वे कब कहाँ जा पहुँचेंगे, उन्हें पहचानना कठिन है, क्योंकि उनमें से कोई भिखारी के वेश में है, कोई साधु- सन्यासी का बाना धारण किए हुए है और कोई गुंडों-डकैतों की भाँति लाठी बाँधे घूम रहा है। यह अफवाह बहुत

दिनों से फैली हुई थी, अत: आसपास के ग्राम-निवासी अत्यधिक भयभीत थे एवं संदेह का यह हाल था कि वे हर किसी को रेलवे-कंपनी का लड़का पकड़नेवाला आदमी ही समझ बैठते थे। प्रत्येक यही समझता था कि अबकी बार उसकी ही बारी है, संभवत: उसी का बच्चा पकड़कर पुल के नीचे गाड़ दिया जाएगा।

किसी के मन में शांति नहीं थी, सभी घरों में सनसनी फैली हुई थी। इस सबके ऊपर अखबारों की भी खबरें थीं। जो लोग कलकत्ता में नौकर थे, वे आकर बतलाया करते थे कि उस दिन बहू बाजार में एक लड़का पकड़नेवाला आदमी गया था। कल की ही तो बात है, कलकत्ता की गली में एक और आदमी पकड़ा गया है --वह एक छोटे से बच्चे को पकड़कर अपनी झोली में डाल रहा था। इसी प्रकार नित्य कई कितनी ही खबरें सुनने को मिलती थीं। कलकत्ता के गली-कूचों में संदेह के शिकार बेचारे कितने ही निरपराध व्यक्ति पकड़े और पीटे गए, किसी प्रकार बड़ी कठिनाई से उनके प्राण बचे और इस अत्याचार की खबरें लोगों के मुँह से अत्याचार की खबरें लोगों के मुँह से हमारे देश में, हमारे गाँव में भी पहुँचने लगीं। ऐसे ही समय में एक दिन अचानक एक घटना हमारे गाँव में भी घट गई।

गाँव की सड़क के पास ही थोड़ी दूरी पर, एक बाग के भीतर एक बूढ़ा ब्राह्मण और उसकी ब्राह्मणी दोनों रहते थे। वे मुखर्जी थे। उनके बाल-बच्चा कोई नहीं था; परंतु दुनिया में और दुनिया के सभी मामलों में उनकी आसक्ति सोलह आने के स्थान पर अठारह आने थी। उनका एक सगा भतीजा था। उसे उन्होंने अलग कर दिया, परंतु उसका हिस्सा नहीं दिया। देने की कल्पना भी उन्होंने कभी नहीं की। भतीजा कभी-कभी आकर कहा-सुनी करता, लड़ता-झगड़ता और अपने हिस्से के कपड़े, बरतन तथा गृहस्थी की अन्य सामग्री पर दावा करता था। 'मैं कोई भीख नहीं माँगता। सब मेरे पुरुषों की कमाई है, तुम मेरे पिता का हिस्सा हजम करनेवाले कौन होते हो?'

यह सुनकर उसकी चाची हो-हल्ला मचा, चिल्ला-चिल्लाकर लोगों की भीड़ जमा कर लेती और कहती, 'हीरू हमें मारने आया है। यह गुंडा है, हमें मारने आया है, यह गुंडा हमें मार डालने की धमकी देता है।'

हीरालाल कहता, 'अच्छी बात है, किसी दिन तुम्हें मारकर ही सब वसूल करूँगा।'

इसी प्रकार दिन बीत रहे थे।

उस दिन झगड़े की हद हो गई। दोनों ओर से गरमा-गरमी बढ़ चली। हीरू ने आँगन में खड़े होकर कहा, 'यह अंतिम बार कहे देता हूँ चाचा। मेरा हिस्सा मुझे मिलना चाहिए। दोगे या नहीं?'

चाचा ने झिड़कते हुए कहा, 'जा जा, तेरा कुछ नहीं है।'

हीरू भी तमककर बोला, 'नहीं है?'

चाचा ने कहा, 'हाँ, हाँ, नहीं है।'

हीरू ने कहा, 'तुम झूठ कहते हो। मैं अपना हिस्सा लेकर ही छोड़ूँगा।'

चाची रसोईघर में थीं। बाहर निकलकर बोलीं, 'तो फिर जा, अपने बाप को बुला ला।'

हीरालाल बोला, "मेरे पिता तो स्वर्ग में चले गए, वे अब नहीं आ सकेंगे। मैं जाकर तुम्हारे बाप-दादों को बुला लाऊँगा, उनमें शायद अभी कोई जीवित है। वही आकर मेरा रत्ती-रत्ती हिस्सा बाँट देगा।'

इसके पश्चात् कई मिनटों तक दोनों ओर से जिस भाषा का प्रयोग किया गया, उसे यहाँ लिखा नहीं जा सकता।

जाने से पूर्व हीरालाल कह गया था, 'आज ही इसका निबटारा करके रहूँगा, यह तुमसे कहे जाता हूँ। सावधान रहना।'

रसोईघर के भीतर से चाची गरजती हुई बोली, 'तू बड़ा तीसमारखाँ है न! जा, जो किया जाए, सो कर लेना।'

हीरालाल वहाँ से सीधा राहीपुर गाँव में जा पहुँचा। इस गाँव में कुछ गरीब मुसलमान रहते थे। वे मुहर्रम में ताजिये निकालते, उनके आगे बड़ी-बड़ी लाठियाँ लेकर चलते एवं अपनी कसरत और करतब दिखाते थे। उनकी लाठियों ने सेरों तेल पिया था तथा उनकी गाँठों में खूबसूरती के लिए पीतल की कड़ियाँ जड़ी हुई थीं। इसी से बहुत लोग यह समझते थे कि उन जैसा लाठी चलानेवाला इस अंचल में और कोई नहीं है। ऐसा कोई कार्य नहीं था, जिसे वे न कर सकते हों। केवल पुलिस के भय से ही शांत बने रहते थे।

हीरालाल ने लतीफ मियाँ के पास पहुँचकर कहा, 'ये दो रुपए पेशगी लो, एक तुम्हारा और दूसरा तुम्हारे भाई का। काम पूरा कर दो, तब और भी इनाम मिलेगा।'

दोनों रुपए हाथ में लेते हुए लतीफ मियाँ ने हँसकर कहा, 'क्या काम करना है बाबू?'

हीरालाल बोला, 'इस देश में तुम दोनों भाइयों को कौन नहीं जानता। तुम लोगों की लाठी के जोर से विश्वास-वंश के बाबुओं ने कितनी जमींदारी पर अपना अधिकार कर लिया है। तुम यदि चाहो तो क्या नहीं कर सकते।'

लतीफ मियाँ आँख का इशारा करते हुए बोले, 'चुप रहो बाबू, थाने का दरोगा सुन लेगा तो फिर हमारी जान

नहीं बचेगी। पुलिस को यह पता है कि वीरनगर गाँव पर हम दोनों भाइयों ने ही लाठी के जोर से विश्वास बाबू का कब्जा कराया है, परंतु मौके पर हमें कोई पहचान नहीं सका, इसी से उस बार हम लोग बच गए।'

हीरालाल ने अत्यंत आश्चर्य से कहा, 'कोई पहचान नहीं सका?'

लतीफ बोला, "कोई पहचानता कैसे! सिर पर बहुत बड़ा पग्गड़ बँधा था, गालों पर गलपट्टे लगे थे, माथे पर बड़ा सा सिंदूर का टीका था और हाथ में छह हाथ की लाठी थी। लोगों ने समझा, हिंदुओं की यमराजपुरी से साक्षात् यमदूत आ उपस्थित हुए हैं। पहचानते क्या, सब लोग अपनी-अपनी जान लेकर न जाने कहाँ भाग छिपे रहे।'

हीरालाल ने उसका हाथ पकड़ लिया। बोला, 'ऐसा ही एक काम एक बार और करना होगा तुम्हें लतीफ मियाँ! मेरे चाचा तो मेरा थोड़ा-बहुत हिस्सा देने को फिर भी तैयार हो सकते हैं, परंतु हरामजादी चाची ऐसी शैतान है कि वह फूटी हाँडी से भी हाथ नहीं लगाने देना चाहती। वही पग्गड़, वही गलपट्टा, वही सिंदूर का टीका और वहीं हाथ में लंबी लाठी लिए एक बार चाचा के आँगन में जा खड़े हो और वही डाकुओं जैसी घुड़की दिखा दो। बस, फिर मैं देख लूँगा, ठीक संध्या होने से पहले झुटपुटे में चलो। बस, कार्य सिद्ध हो जाएगा।'

लतीफ मियाँ तैयार हो गए। निश्चित हुआ, लतीफ और महमूद दोनों भाई वही पोशाक पहनकर, वैसा ही वेश बनाकर आज दीया जलने से पहले ही चाचा के घर जा धमकेंगे। उनके पीछे हीरालाल रहेगा।

एकादशी का दिन था। दिनभर व्रत रखने के बाद हीरू की चाची जगदंबा ने अपने पति को भोजन कराने के लिए आँगन से मिले हुए चबूतरे पर आसन बिछाया एवं थाली लगाकर सामने रख दी। मुखर्जी चाचा फलाहार करने के लिए बैठे। सामान्य कंद-मूल और दूध, यही फलाहार का सामान था। मुखर्जी बादी प्रकृतिवाले मनुष्य थे, अत: अन्न का आहार करने से उनकी तबीयत खराब हो जाने का भय था। पत्थर के पात्र में डाब का पानी रखा था, उसे पीने के लिए जैसे ही पात्र उठाया, वैसे ही ठीक उसी समय दरवाजा ठेलते हुए लतीफ तथा महमूद, दोनों भाई सामने आ खड़े हुए। वही सिर पर बड़ा सा पग्गड़, वही भयानक गलपट्टा, वही संपूर्ण माथे पर लगा हुआ सिंदूर का बड़ा टीका और हाथ में वही छह-छह हाथ की ऊँची, मोटी लाठियाँ। चाचा के हाथ से पत्थर का पात्र धमाक् से नीचे गिर पड़ा। जगदम्बा जोर से चीख पड़ी, "अरे मोहल्लेवाले दौड़ो, आओ, बच्चे पकड़नेवाले आए हैं, बालकों के चोर, बालकों के चोर!"

सामनेवाले छोटे से मैदान में प्रतिदिन मोहल्ले के गाँव के छोटे-छोटे बालक इकट्ठे होकर भाँति-भाँति के खेल खेला करते थे, आज भी खेल रहे थे। वे भी चिल्लाते हुए इधर-उधर भाग खड़े हुए, "बालकों को पकड़नेवाले आए हैं! बच्चों को चुरानेवाले आए हैं। लड़कों को पकड़े लिये जा रहे हैं!"

घर बताने के लिए हीरू भी लतीफ और महमूद के साथ आया था तथा दरवाजे की आड़ में छिपा हुआ था। उसने ढंग देखा तो धीरे से कहा, 'मियाँ, देखते क्या हो, जान बचाकर भागो। मोहल्ले के लोगों ने घेरकर पकड़ लिया तो जान बचाना मुश्किल हो जाएगा।'

इतना कहकर वह वहाँ से भाग गया।

लतीफ मियाँ ने शहर की ओर कोई खबर चाहे सुनी हो या न सुनी हो, परंतु बालकों को पकड़े जाने का हंगामा, उन्हें गायब करने की अफवाह उसके कानों तक भी पहुँच चुकी थी। क्षणभर में ही उसकी समझ में आ गया कि उस अपरिचित अनजाने स्थान में ऐसे वेश में विशेषकर सिंदूर का लंबा-चौड़ा टीका लगाए हुए, यदि उन दोनों को पकड़ लिया गया तो एक की भी हड्डी साबुत नहीं बचेगी।

यह विचार आते ही दोनों भाई जान लेकर भागे, परंतु भागने से अब क्या हो सकता था? रास्ता पहचाना हुआ नहीं था। दिन का उजाला समाप्त हो चुका था--संध्या का अंधकार मुँह बाए हुए उसे निगलता चला जा रहा था। चारों ओर से बहुत से लोगों की सम्मिलित एक पुकार सुनाई पड़ रही थी, 'पकड़ो! मार डालो साले को!'

छोटा भाई महमूद किधर भाग गया, कुछ पता नहीं, परंतु बड़े भाई लतीफ को लोगों ने चारों ओर से घेर लिया। वह अपने प्राण बचाने के लिए काँटों से भरे जंगल को रौंदता हुआ एक पानी से भरे गड्ढे में कूद पड़ा। इसके पश्चात् सब लोग उस गड्ढे के चारों ओर किनारे पर खड़े हो उसे ताक-ताककर ईंट-कंकड़ मारने लगे। लतीफ जब भी सिर ऊपर उठाता, उसके सिर पर ढेला पड़ता था। वह फिर पानी के भीतर अपना सिर कर लेता। ऊबकर जब फिर सिर निकालता तभी दूसरा ढेला आ लगता था।

लतीफ मियाँ इस प्रकार ईंट और ढेले खाकर तथा पानी पीकर अधमरे हो गए। वे जितना ही हाथ जोड़कर कहना चाहते कि वह लड़का पकड़नेवाला चोर नहीं है, लड़का पकड़ने नहीं आया है, उतना ही लोगों का क्रोध तथा संदेह बढ़ता जाता था। सोचते और कहते, 'तो यह गलपट्टा क्यों लगाए है? यह पग्गड़ क्यों बाँधे है? इसके मुँह पर सिंदूर कहाँ से आया?'

लतीफ का पग्गड़ खुल गया था, गलपट्टा भी खुलकर एक ओर झूल रहा था, और माथे का सिंदूर भी धुलकर सारे मुँह पर फैल गया था।

लतीफ बेचारा क्या कैफियत देता और उसकी बात सुनता भी कौन?

इसी बीच कुछ अधिक उत्साही लोग पानी में उतरकर लतीफ को किनारे पर घसीट लाए। वह रो-रोकर केवल यही कह रहा था कि वह लतीफ मियाँ है और उसका दूसरा भाई महमूद मियाँ है। वे लोग बच्चे पकड़नेवाले नहीं हैं, वे लड़कों को चुरानेवाले नहीं हैं।

इसी समय मैं भी उसी मार्ग से निकला, उधर एक काम से जा रहा था। हो-हल्ला सुनकर उस गड्ढे के किनारे जा पहुँचा। मुझे देखते ही उत्तेजित भीड़ आपे से बाहर हो गई। सब लोग एक स्वर से चिल्ला उठे, 'हमने बच्चों का एक चोर पकड़ लिया है।'

बेचारे लतीफ मियाँ की वह दुर्दशा देखकर मेरी आँखों में आँसू आ गए। उसमें बोलने तक की शक्ति नहीं रही थी। गलपट्टा, पग्गड़, सिंदूर और रक्त; सबने मिलकर उसकी विचित्र शक्ल बना रखी थी। वह केवल सबके हाथ जोड़ता हुआ रो रहा था।

मैंने लोगों से पूछा, 'इसने किसी का लड़का चुराया है क्या? किसने अपने लड़के को इसके द्वारा चुराए जाने की नालिश की है?'

उन लोगों ने कहा, 'इसे कौन जाने? '

मैं बोला, 'अच्छा, वह लड़का कहाँ है, जिसे इसने पकड़ा था?'

लोगों ने कहा, 'हम लोग यह नहीं जानते।'

मैंने कहा, 'तब फिर तुम लोग इसे क्यों मार रहे हो?'

उसमें से एक व्यक्ति, जो संभवत: अधिक बुद्धि रखता था, कहने लगा, 'लगता है, इसने रात में किसी लड़के को इस गड्ढे के भीतर कीचड़ में गाड़ रखा है।'

दूसरे ने कहा, 'हाँ, हाँ, अवसर मिलते ही वहाँ से निकाल ले जाएगा और बलि देने के लिए पुल के खंभे के नीचे गाड़ देगा।'

मैंने कहा, 'जरा सोचो तो सही, कहीं मरे हुए प्राणी की भी बलि दी जाती है?'

वे बोले, 'मरा क्यों होगा, अब तक जीवित होगा।'

मैं बोला, 'भला, लड़के को दलदल में गाड़ देने से वह कभी जीवित बच सकता है?'

तब मेरी युक्ति तथा बात उनमें से बहुत लोगों को ठीक जान पड़ी। पहले तो जोश में रहने के कारण किसी को यह सोचने का अवसर ही नहीं मिला था।

मैंने कहा, 'इसे छोड़ दो।' फिर उस आदमी से पूछा, 'लतीफ मियाँ, बात क्या है, सब सच्चा-सच्चा हाल बताओ।'

अब अभय-दान पाकर लतीफ रो-रोकर सब सच्चा हाल कह सुनाया। हीरू के चाचा मुखर्जी और उसकी स्त्री के साथ किसी को सहानुभूति नहीं थी। सुनकर कुछ लोगों को लतीफ मियाँ पर भी तरस आ गया।

मैंने कहा, 'लतीफ मियाँ, अब अपने घर जाओ, आइंदा कभी ऐसा काम मत करना।'

लतीफ मियाँ ने कान पकड़े, नाक रगड़ी, तदुपरांत कहा, 'खुदा की कसम बाबूजी, अब ऐसा काम कभी नहीं करूँगा, मगर मेरा भाई कहाँ गया?'

मैंने कहा, 'भाई की फिक्र घर जाकर करना लतीफ मियाँ। अभी तो यही बहुत समझो कि तुम्हारी अपनी जान बच गई।'

लतीफ किसी प्रकार लँगड़ाता-लड़खड़ाता हुआ अपने घर जा पहुँचा।

बहुत रात बीते एक बार फिर समीप के ही दूसरे मुहल्ले घोषालटोला में जोर का हल्ला और शोरगुल सुनाई दिया। घोषाल बाबू के घर की नौकरानी गौशाला में गौ की सानी करने गई हुई थी। उसने गौ की कर्बी काटने के लिए हरी ज्वार का गट्ठा खींचा तो वह उससे खींचा नहीं जा सका। अचानक उसके भीतर से एक भयानक शक्लवाला आदमी निकला और उसने शीघ्रता से झुककर उस नौकरानी के दोनों पाँव पकड़ लिए।

नौकरानी जितना ही चिल्लाती कि अरे दौड़ो, भूत मुझे खाए लेता है, भूत उतना ही अपने हाथ से उसका मुँह बंद करते हुए कहता, 'भैया चिल्लाओ नहीं, मुझे बचाओ, मैं भूत-प्रेत नहीं हूँ, मैं आदमी हूँ!'

नौकरानी का चिल्लाना सुनकर गृहस्वामी घोषाल बाबू हाथ में लालटेन तथा साथ में अन्य नौकर-चाकरों को लिए गौशाला में दौड़े चले आए।

इसके पूर्व जो घटना घट चुकी थी, उसे गाँव के सब लोग जान चुके थे, अत: बड़े भाई के समान छोटे भाई की दुर्गति नहीं हुई। सबने सहज ही समझ लिया कि वह लतीफ का भाई महमूद है, भूत नहीं है।

घोषाल बाबू ने उसे छोड़ दिया, केवल उसकी उस

पके बाँस की खूबसूरत लाठी को अपने लिए छीनकर रखते हुए कहा, 'छोटे मियाँ, तुम्हें जीवनभर याद रहे, इसीलिए इसे रखे लेता हूँ। मुँह का यह सब रंग-वंग धो डालो और चुपचाप घर भाग जाओ! '

अहसान मानकर, कृतज्ञ होकर तथा सैकड़ों सलाम झुकाकर महमूद वहाँ से चल दिया।

यह कोई मनगढ़ंत कहानी नहीं, अपितु हमारे गाँव में घटी एक सच्ची घटना है।

भला बुरा

अविनाश घोषाल कुछ वर्ष और नौकरी कर सकते थे, लेकिन संभव नहीं हुआ। खबर आई कि इस बार भी उन्हें धता बतलाकर कोई जूनियर मुंसिफ सब-जज बन गया। दूसरी बार की तरह इस बार भी अविनाश खामोश रहे। फर्क केवल इतना ही था कि इस बार उन्होंने डॉक्टर के सर्टिफिकेट के साथ जल्द-से-जल्द मौका लेने के लिए दरख्वास्त भेज दी। दरख्वास्त मंजूर होगी ही, इसमें उन्हें कोई शक नहीं था।

अविनाश के काम करने की फुरती से सभी खुश थे, भद्र आचरण की प्रशंसा सभी करते हैं, फिर भी उनकी यह दुर्गति हुई। इसके पीछे के गुप्त इतिहास को बहुत कम लोग जानते हैं, उसे बतला दूँ। उनकी नौकरी की शुरुआत में एक बार एक नौजवान आई.सी.

एस. जिले का जज होकर दफ्तर का इंस्पेक्शन करने आया। छोटी सी बात को लेकर दोनों में पहले मतभेद हुआ और बाद में इसी ने बड़े झगड़े का रूप ले लिया। लौटकर जज लगातार उसके काम के छिद्रान्वेषण में लगे रहे, लेकिन छिद्र का पाना सहज नहीं था। जज साहब इससे तनिक प्रसन्न नहीं हुए। उनके फैसले को काटकर देखा कि हाईकोर्ट में वह नहीं टिकता, खुद ही अधिक शर्मिंदा होना पड़ता है। तबादले का समय हो गया था, अविनाश दूसरे जिले में चले गए, लेकिन जज से मुलाकात करके नहीं गए। श्रद्धा निवेदन की प्रचलित रीति में उनसे बहुत बड़ी त्रुटि हुई। इसके बाद कितने ही वर्ष बीत गए। बात को अविनाश भूल गए थे, मगर वह नहीं भूले थे। इसका प्रमाण मिला कुछ दिन पहले। वह नौजवान जज अब हाईकोर्ट में आए हैं मुंसिफ वगैरह के विधाता बनकर। अविनाश सीनियर आदमी था, काम के लिए काफी मशहूर था, उसकी उन्नति का पथ संपूर्ण रूप से बाधाहीन था। अचानक देखा गया कि उसकी जगह नीचे का आदमी सब-जज हो गया और मामला यहीं समाप्त नहीं हुआ। एक-एक करके और भी तीन व्यक्ति उसे पीछे छोड़कर आगे बढ़ गए। जो लोग नहीं जानते, वे कहेंगे कि कहीं ऐसा भी होता है? यह तो सरकारी नौकरी है और उस पर इतनी बड़ी नौकरी है! यह क्या काजियों का जमाना है?

लेकिन अनुभवी कहेंगे, उससे भी अधिक ज्यादतियाँ होती हैं। अतएव अविनाश मन ही मन समझ गया कि अब इससे छुटकारा नहीं। आत्मसम्मान और नौकरी इन दो नावों पर पैर नहीं रखा जा सकता, दोनों में से एक को चुनना होगा। उसी बात को इस बार उन्होंने पूरा किया। परिवार में अविनाश की भार्या आलोकलता, आई.ए. फेल पुत्र हिमांशु और कन्या शाश्वती यही तीन प्राणी। नौकर, नौकरानियों की संख्या इतनी थी कि अनगिनत कहा जाए तो अतिशयोक्ति नहीं होगी।

उस दिन अविनाश अदालत से प्रसन्नचित्त लौटे, यथानियम कपड़े बदले, हाथ-मुँह धो, जलपान करने के लिए बैठते हुए बोले, "जाने दो, इतने दिनों के बाद आजादी मिली छोटी बहू। सरकारी समाचार न आने पर भी हाईकोर्ट के एक मित्र का तार मिला है कि मेरी जेल की मियाद समाप्त हो चली। अधिक देर करना ठीक नहीं होगा। विलंब नहीं होगा, इस बात को खुद ही जानता था।"

आलोकलता निकट ही एक कुरसी पर बैठी सिलाई कर रही थी और कन्या शाश्वती पिता के बगल में बैठी उन्हें पंखा झल रही थी। सुनकर दोनों चौंक उठीं।

स्त्री ने प्रश्न किया, "इसका मतलब?"

अविनाश ने कहा, "संभवत: सुना होगा कि कोई गोविंदपद बाबू इस बार भी मुझे पीछे छोड़कर छह महीने के लिए छोटे जज हो गए। साहब के हाईकोर्ट में आने के बाद से पिछले तीन वर्षों से यही होता आ रहा है। मैंने एक शब्द भी नहीं कहा। सोचा था कि अपने अन्याय को किसी दिन वह खुद समझेंगे, लेकिन देखा, यह नहीं होने का। कम-से-कम उस आदमी के रहते तक तो नहीं। अविचार को इतने दिनों तक सहता रहा, लेकिन सहन करने से मनुष्यत्व नहीं रहेगा।"

कल शाम को सदराला के यहाँ घूमने जाकर आलोकलता इसी तरह की बात का आभास इशारे से सुन आई थी, लेकिन उसका मतलब समझ में नहीं आया था और इस समय भी नहीं समझ पाई। बोली, "तदबीर-तगादे के बगैर आज के जमाने में कौन सी बात होती है? मनुष्यत्व कायम रखने के लिए क्या किया है, सुनूँ तो जरा?"

अविनाश ने कहा, "तदबीर-तगादा नहीं किया जाता, मगर जो कर सकता था, उसे जरूर ही किया है।"

आलोकलता पति के मुँह की ओर देखती रहीं, अभी तक तात्पर्य उनकी समझ में नहीं आया। वह डर गई और बोली, "सुनूँ भी, क्या किया है, बतलाओ भी तो सही?"

अविनाश ने कहा, "वह है काम से इस्तीफा देना, और इस्तीफा भी दे दिया है।"

आलोकलता के हाथ से सिलाई का सामान जमीन पर गिर पड़ा। वजाहत की भाँति कुछ देर तक खामोश रहकर बोली, "यह क्या कह रहे हो! इतने प्राणियों को भूखों मारने का संकल्प किया है क्या? काम छोड़ा तो तुम्हारी कसम खाकर कहती हूँ, मैं उसी दिन आत्महत्या कर लूंगी।"

अविनाश चुप बैठे रहे, कोई जवाब नहीं दिया। "दरख्वास्त अगर दे ही दी है, तो वचन दो कि कल ही वापिस लोगे।"

"तो तुम चाहते हो कि मैं मर जाऊँ?"

"तुम तो जानती हो छोटी बहू कि मैं इसकी कामना नहीं करता। तुम पत्नी होकर अगर पति की मर्यादा को इस तरह से समाप्त करती हो कि लोगों के सामने मस्तक ऊंचा करके खड़ा भी न हो सकूँ तो"।"

बात अविनाश के मुँह में अचानक रुद्ध हो गई, पर खत्म नहीं हुई। आलोकलता ने कहा, "तो क्या कहते हो?"

जवाब में एक कठोर बात उनकी जबान पर आई थी, मगर इस बार भी वह उसे नहीं बोल पाए, लड़की

ने बाधा डाल दी। अब तक वह सबकुछ चुपचाप सुन रही थी, लेकिन अब उससे नहीं रहा गया। बोली, "नहीं पिताजी, इस समय माँ में सोचने-विचारने की ताकत नहीं है। तुम उन्हें कोई जवाब नहीं दे सकते।"

लड़की की हिमाकत देखकर माँ कुछ पहले हतबुद्धि सी हो गई। दूसरे ही पल बड़े जोरों की फटकार लगाकर बोल उठी, "शाश्वती, जा यहाँ से, चली जा, कहती हूँ।"

लड़की बोली, "अगर चला ही जाना पड़ता है तो पिताजी को साथ ले जाऊँगी माँ। तुम्हारे पास छोड़कर नहीं जाऊँगी।"

"क्या कहा?"

"कहा कि तुम्हारे पास उन्हें अकेला छोड़कर मैं नहीं जाऊँगी, कभी नहीं जाऊँगी। चलो पिताजी, हम जरा नदी के किनारे घूम आएँ। शाम के पश्चात् मैं खुद तुम्हारा खाना बना दूंगी। इस समय खाना रहने दो। उठो, चलो पिताजी।" यह कहकर उसने उनका हाथ पकड़कर खड़ा कर दिया।

दोनों सचमुच ही चले जा रहे हैं, देखकर आलोकलता ने अपने को कुछ संभालकर कहा, "जरा रुको। सचमुच ही क्या एक बार भी नहीं सोचा कि नौकरी छोड़ देने पर तुम्हारे परिवार के इतने प्राणी क्या खाएँगे?"

अविनाश ने जवाब देना चाहा, मगर इस बार भी लड़की ने रुकावट डाल दी। वह बोली, "खाने की क्या सचमुच ही तुम्हें फिक्र हो गई है माँ? लेकिन रोना तो नहीं चाहिए। नौकरी छोड़ने पर भी पिताजी को पेंशन मिलेगी और वह भी तीन सौ से कम क्या होगी। बगल वाले मकान के संजीव बाबू साठ रुपए तनख्वाह पाते हैं, खाने वाले उनके यहाँ भी नौ-दस हैं। कितनी बार देख आई हूँ, उनके यहाँ का खाना हमारे यहाँ से बुरा नहीं होता। उनका चल रहा है, तो हम तीन-चार जनों का खाना-पहनना नहीं चलेगा?"

माँ के धीरज का बाँध टूट गया। कटु व्यंग्य के स्वर में चिल्ला उठी, "जा भाग मेरी नजरों के सामने से। जब अपना परिवार बसाना, तब गृहस्थीपना दिखाना। मेरी गृहस्थी में दखल दिया तो तुझे घर से निकाल बाहर खड़ा कर दूंगी।"

लड़की ने जरा हँसकर कहा, "अच्छी बात है माँ, वही करो। पिताजी का हाथ पकड़कर मैं चली जाऊँगी। तुम और भैया पिताजी की पेंशन के सारे रुपए लेकर जो चाहो करो, हम कुछ भी नहीं कहेंगे। मैं लड़कियों के किसी स्कूल में नौकरी करके वृद्ध पिताजी का खर्च चला लूँगी।"

माँ आगे कुछ नहीं बोली। देखते-देखते उनकी दोनों आँखों से आँसुओं की धारा बह चली।

लड़की ने पिता का हाथ किंचित् दबाकर कहा, "चलो पिताजी, चलें। सायं का समय हो जाएगा।"

अविनाश के पग बढ़ाते ही आलोकलता आँचल से आँखें पोंछकर, रुंधे गले से बोली, "जरा और रुको। यह तुम्हारी कैसी भीष्म प्रतिज्ञा है? क्या इसमें फेरबदल नहीं होने का?"

अविनाश ने गरदन हिलाकर कहा, "नहीं! ऐसा नहीं होने का।"

"देखो, मैं तुम्हारी स्त्री हूँ, तुम्हारे सुख-दुख की साथिन हूँ।"

अविनाश बाधा देकर बोले, "अगर यह सच है तो इतने दिनों तक मेरे सुखों का हिस्सा मिला है, अब मेरे दु:खों का हिस्सा लो।"

आलोकलता ने कहा, "तैयार हूँ, मगर सारी इज्जत आबरू कायम रखने के लिए इतने रुपए काफी नहीं हैं तो पेंशन के थोड़े से रुपयों से काम कैसे चलेगा?"

अविनाश बोले, "इज्जत-आबरू का मतलब अगर अमीरी-ठाट समझ रखा है तो वह नहीं होने का, मैं इसे मानता हूँ। नहीं तो यों संजीव बाबू का भी चल जाता है।"

"लेकिन तुम्हारी लड़की उन्नीस-बीस की हो गई, उसकी शादी कब करोगे?"

माँ की समस्या का समाधान किया शाश्वती ने, बोली, "माँ! मेरी शादी के लिए तुम चिंता न करो। अगर सोचना ही चाहती हो तो यह सोचो कि संजीव बाबू ने दो बेटियों का ब्याह कैसे किया?"

जवाब सुनकर माँ का धीरज फिर टूटा। सजल आँखें दृप्त हो उठी, रुंधे गले का स्वर पंचम पर पहुँच गया और बोली, "शाश्वती, मुँहजली। मेरी नजरों के सामने से अब क्यों नहीं हटती? जा हट जा, मैं कहे देती हूँ।"

"जाती हूँ माँ! चलो न पिताजी।"

बगल वाले कमरे में हिमांशु कविता करने में लगा हुआ था। आई. ए. परीक्षा के तीसरे प्रयास में अब भी कुछ देर है। उसकी कविताएँ 'वातायन' पत्रिका में छपती हैं। दूसरी कोई पत्रिका नहीं लेती है, वातायन संपादक उत्साहित करते हुए चिट्ठी लिखते हैं, 'हिमांशु, आपकी कविता अच्छी बन पड़ी है। अगली बार एक कविता और भेजें, कुछ छोटी और साथ ही शाश्वती देवी की एक रचना अवश्य ही भेजें।' नहीं जानता, वातायन संपादक सच लिखते हैं या मजाक करते हैं, या उनके मन में कोई दूसरी बात है।

शाश्वती देखकर हँसती हुई कहती है, "भैया, यह चिट्ठी दोस्तों को दिखाते न फिरना।"

"क्यों, बतला तो?"

"नहीं, यों ही कह रही हूँ। अपने मुँह मियाँ मिठ्ठू बनते फिरना क्या अच्छा लगता है?"

कविता भेजने के पहले बहिन को पढ़ाने के बहाने अपनी गलतियों को वह सुधार लेता है। संशोधन की मात्रा कुछ अधिक हो जाने पर शरमाकर कहता है, "तेरी तरह मैंने तो पिताजी से संस्कृत, व्याकरण, काव्य, साहित्य नहीं पढ़ा है। मेरा क्या दोष है! लेकिन शाश्वती, तू जान ले, यह कुछ भी नहीं है, दस रुपए महीना पर एक पंडित रख लेने से सबकुछ बन जाता है। कविता का यथार्थ जीवन है कल्पना में, भाव में, उसकी अभिव्यंजना में। वहाँ तेरे मुग्धबोध के बाप की क्या मजाल कि बाधा पहुँचाए।"

"यह बिलकुल सच बात है, भैया।"

हिमांशु की कलम की नोक पर एक अच्छी तुक आ गई थी, लेकिन माँ की कठोर आवाज ने सबकुछ छितरा दिया। कलम रख बगल वाले दरवाजे को ठेलकर इस कमरे में पैर रखते ही माँ चिल्ला उठी, "जानता है हिमांशु, हमारा कितना बड़ा सत्यानाश हो गया। उन्होंने

नौकरी छोड़ दी, नहीं तो उनका मनुष्यत्व खत्म हो रहा था। जानता है क्यों? इसलिए कि उनकी जगह कोई दूसरा आदमी सब-जज बन गया है, वे नहीं हो सके। मैं साफ कहे देती हूँ, यह डाह के अलावा और कुछ भी नहीं है, निरी डाह।"

हिमांशु ने अचरज से आँखें फाड़कर कहा, "तुम यह क्या कह रही हो माँ! नौकरी छोड़ दी, व्हाट नॉनसेंस!"

अविनाश का मुँह पीला जर्द पड़ गया। दाँतों तले होंठ चबाकर वह चुप खड़े रहे। आसन्न संध्या की मलिन छाया में उनका चेहरा अनोखा लग रहा था।

शाश्वती पागलों की तरह चिल्ला उठी, "ओफ! संसार में धृष्टता की कोई सीमा भी है! तुम चलो, जल्दी चलो, नहीं तो मैं सिर पीटकर मर जाऊँगी।" कहकर अर्द्ध-अचेत पिता को लेकर वह घर से बाहर चली गई।

विलासी

पक्का दो कोस रास्ता पैदल चलकर स्कूल में पढ़ने जाया करता हूँ। मैं अकेला नहीं हूँ, दस-बारह जने हैं। जिनके घर देहात में हैं, उनके लड़कों को अस्सी प्रतिशत इसी प्रकार विद्या-लाभ करना पड़ता है। अत: लाभ के अंकों में अन्त तक बिल्कुल शून्य न पड़ने पर भी जो पड़ता है, उसका हिसाब लगाने के लिए इन कुछेक बातों पर विचार कर लेना काफी होगा कि जिन लड़कों को सबेरे आठ बजे के भीतर ही बाहर निकल कर आने-जाने में चार कोस का रास्ता तय करना पड़ता है, चार कोस के माने आठ मील नहीं, उससे भी बहुत अधिक। बरसात के दिनों में सिर पर बादलों का पानी और पाँवों के नीचे घुटनों तक कीचड़ के बदले धूप के समुद्र में तैरते हुए स्कूल और घर आना-जाना पड़ता है, उन अभागे

बालकों को माँ—सरस्वती प्रसन्न होकर वर दें कि उनके कष्टों को देखकर वे कहीं अपना मुँह दिखाने की बात भी नहीं सोच पातीं।

तदुपरान्त यह कृतविद्य बालकों का दल बड़ा होकर एक दिन गांव में ही बैठे या भूख की आग बुझाने के लिए कहीं अन्यत्र चला जाय, उनके चार कोस तक पैदल आने जाने की विद्या का तेज आत्म-प्रकाश करेगा-ही-करेगा। कोई-कोई को कहते सुना है, 'अच्छा, जिन्हें भूख की आग है, उनकी बात भले ही छोड़ दी जाय, परन्तु जिन्हें वह आग नहीं है, वैसे सब भले आदमी किस (जाने किस गाँव के लड़के की डायरी से उद्धृत। उनका असली नाम जानने की किसी को आवश्यकता नहीं, निषेध भी है। चालू नाम तो रख लीजिये- न्याड़ा (जिसके केश मुड़े हों)।) सुख के लिए गाँव छोड़कर जाते हैं ? उनके रहने पर तो गाँव की ऐसी दुर्दशा नहीं होती।'

मलेरिया की बात नहीं छेड़ता। उसे रहने दो, परन्तु इन चार कोस तक पैदल चलने की आग में कितने भद्र लोग बाल-बच्चों को लेकर गाँव छोड़कर शहर चले गए हैं, उनकी कोई संख्या नहीं है। इसके बाद एक दिन बाल-बच्चों का पढ़ना-लिखना भी समाप्त हो जाता है, तब फिर शहर की सुख सुविधा में रुचि लेकर वे लोग गाँव में लौटकर नहीं आ पाते !

परन्तु रहने दो इन सब व्यर्थ बातों को। स्कूल जाता हूँ- दो कोस के बीच ऐसे ही दो-तीन गाँव पार करने पड़ते हैं। किसके बाग में आम पकने शुरू हुये हैं, किस जंगल में करौंदे काफी लगे हैं, किसके पेड़ पर कटहल पकने को हैं, किसके अमृतवान केले की गहर करने वाली ही है, किसके घर के सामने वाली झाड़ी में अनन्नास का फल रंग बदल रहा है, किसकी पोखर के किनारे वाले खजूर के पेड़ से खजूर तोड़कर खाने से पकड़े जाने की संभावना कम है, इन सब खबरों को लेने में समय चला जाता है, परन्तु जो वास्तविक विद्या है, कमस्फट्का की राजधानी का क्या नाम है एवं साइबेरिया की खान में चाँदी मिलती है या सोना मिलता है-यह सब आवश्यक तथ्य जानने का तनिक भी फुरसत नहीं मिलती।

इसीलिए इम्तहान के समय 'एडिन क्या है' पूछे जाने पर कहता 'पर्शिया का बन्दर' और हुमायूँ के पिता का नाम पूछे जाने पर लिख आया तुगलक खाँ- एवं आज चालीस का कोठा पार हो जाने पर भी देखता हूँ, उन सब विषयों में धारणा प्राय: वैसी ही बनी हुई है-तदुपरान्त प्रमोशन के दिन मुँह लटकाकर घर लौट आता और कभी दल बाँधकर मास्टर को ठीक करने की सोचता, और कभी सोचता, ऐसे वाहियात स्कूल को छोड़ देना ही ठीक है।

हमारे गाँव के एक लड़के के साथ बीच-बीच में स्कूल मार्ग पर भेंट हो जाया करती थी। उसका नाम था मृत्युंजय। मेरी अपेक्षा वह बहुत बड़ा था। तीसरी क्लास में पढ़ता था। कब वह पहले-पहल तीसरी क्लास में चढ़ा, यह बात हममें से कोई नहीं जानता था-सम्भवत:वह पुरातत्वविदों की गवेषणा का विषय था, परन्तु हम लोग उसे इस तीसरे क्लास में ही बहुत दिनों से देखते आ रहे थे। उसके चौथे दर्जे में पढ़ने का इतिहास भी कभी नहीं सुना था, दूसरे दर्जे से चढ़ने की खबर भी कभी नहीं मिली थी। मृत्युंजय के माता-पिता, भाई-बहिन कोई नहीं थे, था केवल गाँव के एक ओर एक बहुत बड़ा आम-कटहल का बगीचा और उसके बीच एक बहुत बड़ा खण्डहर-सा मकान, और थे एक दूसरे के रिस्ते के चाचा। चाचा का काम था भतीजे को अनेकों प्रकार से बदनामी करते रहना, 'वह गाँजा पीता है' ऐसे ही और भी क्या-क्या! उनका एक और काम था यह कहते फिरना, 'इस बगीचे का आधा हिस्सा उनका है, नालिश करके दखल करने भर की देर है।' उन्होंने एक दिन दखल भी अवश्य पा लिया, परन्तु वह जिले की अदालत में नालिश करके ही, ऊपर की अदालत के हुक्म से। परन्तु वह बात पीछे होगी।

मृत्युंजय स्वयं ही पका कर खाता एवं आमों की फसल में आम का बगीचा किसी को उठा देने पर उसका सालभर खाने-पहिनने का काम चल जाता, और अच्छी तरह ही चल जाता। जिस दिन मुलाकात हुई, उसी दिन देखा, वह छिन्न-भिन्न मैली किताबों को बगल में दबाये रास्ते के किनारे चुप-चाप चल रहा है। उसे कभी किसी के साथ अपनी ओर से बातचीत करते नहीं देखा-अपितु अपनी ओर से बात स्वयं हमीं लोग करते। उसका प्रधान कारण था कि दूकान से खाने-पीने की चीजें खरीदकर खिलाने वाला गाँव में उस जैसा कोई नहीं था। और केवल लड़के ही नहीं ! कितने ही लड़कों के बाप कितनी ही बार गुप्त रूप से अपने लड़कों को भेजकर उसके पास 'स्कूल की फीस खो गई है' पुस्तक चोरी चली गई' इत्यादि कहलवा कर रुपये मँगवा लेते, इसे कहा नहीं जा सकता। परन्तु ऋण स्वीकार करने की बात तो दूर रही, उसके लड़के ने कोई बात भी की है, यह बात भी कोई बाप भद्र-समाज में कबूल नहीं करना चाहता-गाँव भर में मृत्युंजय का ऐसा ही सुनाम था।

बहुत दिनों से मृत्युंजय से भेंट नही हुई। एक दिन सुनाई पड़ा, वह मराऊ रक्खा है। फिर एक दिन सुना गया, मालपाड़े के एक बुड्ढे माल ने उसका इलाज करके एवं उसकी लड़की विलासी ने सेवा करके मृत्युंजय

को यमराज के मुँह में जाने से बचा लिया है। बहुत दिनों तक मैंने उसकी बहुत-सी मिठाई का सदुपयोग किया था-मन न जाने कैसा होने लगा, एक दिन शाम के अँधेरे में छिपकर उसे देखने गया- उसके खण्डर-से मकान में दीवालों की बला नहीं है। स्वच्छन्दता से भीतर घुसकर देखा, घर का दरवाजा खुला है, एक बहुत तेज दीपक जल रहा है, और ठीक सामने ही तख्त के ऊपर धुले-उजले बिछौने पर मृत्युंजय सो रहा है। उसके कंकाल जैसे शरीर को देखते ही समझ में आ गया, सचमुच ही यमराज ने प्रयत्न करने में कोई कमी नहीं रक्खी, तो भी वह अन्त तक सुविधापूर्वक उठा नहीं सका, केवल उसी लड़की के जोर से। वह सिरहाने बैठी पंखे से हवा झल रही थी। अचानक मनुष्य को देख चौंककर उठ खड़ी हुई। यह उसी बुड्ढ़े सपेरे की लड़की विलासी है। उसकी आयु अट्ठारह की है या अट्ठाईस की-सो ठीक निश्चित नहीं कर सका, परन्तु मुँह की ओर देखने भर से खूब समझ गया, आयु चाहे जो हो, मेहनत करते-करते और रात-रात भर जागते रहने से इसके शरीर में अब कुछ नहीं रहा है। ठीक जैसे फूलदानी में पानी देकर भिगो रक्खे गये बासी फूल की भाँति हाथ का थोड़ा-सा स्पर्श लगते ही, थोड़ा-सा हिलाते-डुलाते ही झड़ पड़ेगा।

मृत्युंजय मुझे पहिचानते हुये बोला- 'कौन न्याड़ा ?' बोला- 'हाँ।' मृत्युंजय ने कहा- 'बैठो।' लड़की गर्दन झुकाए खड़ी रही। मृत्युंजय ने दो-चार बातों में जो कहा, उसका सार यह था कि उसे खाट पर पड़े डेढ़ महीना हो चला है। बीच में दस-पन्द्रह दिन वह अज्ञान-अचैतन्य अवस्था में पड़ा रहा, अब कुछ दिन हुए वह आदमियों को पहिचानने लगा है, यद्यपि अभी तक वह बिछौना छोड़कर उठ नहीं सकता, परन्तु अब कोई डर की बात नहीं है।

डर की कोई बात न सही, परंतु बालक होते हुए भी यह समझ गया कि आज जिसमें खाट छोड़कर उठने की शक्ति नहीं है, उस रोगी को, इस बन के बीच अकेली जिस लड़की ने बचा लेने का भार अपने ऊपर उठाया, वह कितना बड़ा गुरुभार है! दिन के बाद दिन, रात के बाद रात; उसकी कितनी सेवा, कितनी शुश्रूषा, कितना धैर्य, कितना रतजगा है! यह कितने बड़े साहस का काम है, परंतु जिस व्यक्ति ने इस असाध्य साधन को संभव कर डाला, उसका परिचय यद्यपि उस दिन नहीं पाया, परंतु एक दिन दूसरे से पा लिया।

लौटते समय लड़की एक दूसरे दीपक को लेकर मेरे आगे-आगे टूटी दीवालों के अंत तक आई। इतनी देर तक उसने एक भी बात नहीं कही थी, इस बार धीरे-धीरे बोली, 'सड़क तक तुम्हें पहुँचा आऊँ क्या?'

बड़े-बड़े आम के वृक्षों से सारे बगीचे में जैसे एक जमा हुआ सा अंधकार लग रहा था, सड़क दिखाई देने की बात तो दूर, अपना हाथ तक दिखाई नहीं देता था। बोला, 'पहुँचाने की जरूरत नहीं, केवल दीपक दे दो।'

उसके दूबारा दीपक मेरे हाथ में देते ही उसके उत्कंठित चेहरे पर मेरी आँखें पड़ीं। धीरे-धीरे वह बोली, 'अकेले जाने में डरोगे तो नहीं? थोड़ा आगे तक पहुँचा आऊँ?'

एक स्त्री पूछ रही है, डरोगे तो नहीं, अस्तु। मन में चाहे जो हो, प्रत्युत्तर में केवल एक 'ना' कहकर आगे बढ़ गया।

उसने फिर कहा, 'वन-जंगल का रास्ता है, जरा देख-देखकर पाँव रखते हुए जाना।'

मेरे शरीर में रोंगटे खड़े हो गए, परंतु इतनी देर बाद समझा वह उद्वेग किसके लिए था और वह उजाला दिखाती हुई इस जंगली रास्ते से पार कर देना चाहती थी! संभव है, वह मेरा निषेध नहीं सुनती। साथ ही आती, परंतु पीड़ित मृत्युंजय को अकेला छोड़कर जाने को शायद उसका मन अंत तक तैयार नहीं हुआ।

बीस-पच्चीस बीघे का बगीचा था, अतः रास्ता भी कम नहीं था। इस भीषण अंधकार में प्रत्येक पाँव शायद डरते-डरते ही रखना पड़ता था, परंतु दूसरे ही क्षण उस लड़की की बात से सारा मन इस तरह आच्छन्न हो गया कि डरने का फिर समय ही नहीं मिला। केवल खयाल आने लगा, एक मृतप्राय: रोगी को लेकर रहना कितना कठिन है! मृत्युंजय तो किसी भी समय मर सकता था, तब सारी रात इस जंगल के बीच अकेली लड़की क्या करती! किस तरह अपनी उस रात को काटती।

इस घटना के बहुत दिन बाद की एक बात मुझे याद आती है। अपने एक आत्मीय की मृत्यु के समय मैं उपस्थित था। अँधेरी रात, घर में लड़के-बच्चे नौकर-चाकर नहीं थे। घर में केवल उनकी सद्विधवा स्त्री और मैं ही थे। उनकी स्त्री ने शोक के आवेग में छाती पीटकर ऐसा कांड उपस्थित कर दिया कि यह भय हुआ कि कहीं उसके प्राण भी निकल न जाएँ। रो-रोकर बार-बार मुझसे पूछने लगीं, वे जब स्वेच्छा से साथ-ही-साथ मर जाना चाहती हैं, तब सरकार का क्या है? उन्हें अब रत्ती भर जीने की इच्छा नहीं है, इसे क्या वे लोग (सरकारी आदमी) समझेंगे नहीं? उनके घर में क्या स्त्रियाँ नहीं है! वे क्या पत्थर ही हैं? और यदि इस रात में गाँव के पाँच लोग यदि नदी के किनारे किसी जंगल के बीच

उनके सह-मरण (सती होने) का प्रबंध कर दें तो पुलिस के लोग किस प्रकार जान सकेंगे? इस तरह की कितनी ही बातें कहीं, परंतु मेरा तो और बैठे रहकर उनका रोना सुनने से काम नहीं चल सकता था! मुहल्ले में खबर देने की जरूरत है, अनेक वस्तुएँ इकट्ठी करने की जरूरत है, परंतु मेरा बाहर जाने का प्रस्ताव सुनते वे प्रकृतिस्थ हो गई। आँखें पोंछकर बोलीं, 'भाई, जो होना था, वह हो गया, अब बाहर जाने से क्या होगा। रात बीत जाने दो न!'

बोला, 'बहुत काम है, न जाने पर काम नहीं होंगे।'

वे बोलीं, "काम रहने दो, तुम बैठो।'

बोला, "बैठने से काम नहीं चलेगा, एक बार खबर देनी ही पड़ेगी, कहकर पाँव बढ़ाते ही वे चीत्कार कर उठी, "अरे बाप रे! मैं अकेली नहीं रह सकूँगी।"

अत: फिर बैठ जाना पड़ा। कारण तब समझ में आया। जिस स्वामी के जीवित रहते हुए वे निर्भयतापूर्वक पच्चीस वर्ष तक अकेली घर में रहीं, उसकी मृत्यु को चाहे सह भी लें। उसकी मृत-देह के समीप इस अँधेरी रात में पाँच मिनट बैठना भी सहन नहीं हो सकता। छाती यदि किसी बात से फटती है तो इस मृत स्वामी के समीप अकेले बैठने से ही।

परंतु उनके दुःख को तुच्छ करके दिखाना भी मेरा उद्देश्य नहीं है। क्या वे सच्ची नहीं थीं, यह बात कहने का भी मेरा अभिप्राय नहीं है। क्या एक आदमी के व्यवहार से ही उसकी अंतिम मीमांसा हो गई, यह भी नहीं है, परंतु ऐसी और भी अनेक घटनाएँ जानता हूँ, जिनका उल्लेख न करने पर भी मैं यह बात कहना चाहता हूँ कि केवल कर्तव्य-ज्ञान के जोर अथवा बहुत समय तक एक साथ घर-गृहस्थी करने के अधिकार से ही इस भय का कोई स्त्री अतिक्रमण नहीं कर पाती। वह कोई और ही शक्ति है, जिसका बहुत से पति-पत्नी एक साथ वर्षों तक घर-गृहस्थी चलाते रहने के बाद भी कुछ पता नहीं पाते।

परंतु अचानक उसी शक्ति का परिचय जब किसी स्त्री-पुरुष के निकट पाया जाता है, तब समाज की अदालत में मुलजिम बनाकर उन्हें दंड देना यदि आवश्यक हो, तो हो, परंतु मनुष्य की जो वस्तु सामाजिक नहीं है, वह स्वयं तो उसके सुख-दुःख से चुपचाप आँसू बहाए बिना किसी प्रकार नहीं रह सकती।

प्रायः दो महीने तक मृत्युंजय की खबर नहीं ली। जिन लोगों ने देहात को नहीं देखा है अथवा केवल रेलगाड़ी की खिड़की से मुँह बढ़ाकर देखा है, वे तो शायद आश्चर्यपूर्वक कह उठेंगे, 'यह कैसी बात है? यह

क्या कभी संभव हो सकता है कि इतनी बड़ी बीमारी को आँखों से देख आकर भी दो महीने तक फिर उसकी खबर ही नहीं।' उन्हें जताने के लिए यह कहना आवश्यक है कि यह केवल संभव ही नहीं, ऐसा ही हुआ करता है। किसी व्यक्ति की विपत्ति में मुहल्ला भर झुंड बाँधकर उमड़ पड़ता है, यह एक जनश्रुति अवश्य है, पता नहीं वह सतयुग के गाँवों में थी या नहीं, परंतु इस काल में तो कहीं भी देखी है, ऐसा याद नहीं पड़ता। तभी जब तक उसके मरने की खबर नहीं मिलती, तब तक वह बचा हुआ है, यही ठीक है।

इसी बीच अचानक एक दिन कान में पड़ा, मृत्युंजय के उस बगीचे के भागीदार चाचा शोर मचाते फिरते हैं कि गया, गया, गाँव इस बार रसातल में चला गया। नालते के मित्र कहलाकर समाज में अब वे अपना मुँह दिखाने योग्य नहीं रहे, नालायक एक सपेरे की लड़की से निकाह करके उसे घर ले आया है और केवल निकाह नहीं, यह भी न हो चूल्हे में जाए, उसके हाथ का भात तक खाया है। गाँव ने यदि इसका दंड न दिया तो बन में जाकर ही रहना पड़ेगा। कोड़ोला और हरिपुर का समाज इस बात को सुनेगा तो, इत्यादि-इत्यादि।

तब लड़के-बूढ़े सभी के मुँह पर एक ही बात, 'ऐं! यह क्या हुआ? कलियुग क्या सचमुच ही उलट बैठा है!"

चाचा कहते फिरते हैं, 'यह होगा, इसे बहुत लोग पहले से ही जानते थे। वे केवल तमाशा देख रहे थे, कहाँ का पानी कहाँ जाकर मरा अन्यथा यह कोई पराया नहीं, पड़ोसी नहीं, अपना ही भतीजा है। मैं क्या उसे घर नहीं ले जा सकता था? मुझे क्या डाक्टर-वैद्यों को दिखाने की सामर्थ्य नहीं थी? तब फिर ऐसा क्यों नहीं किया, इसे अब देख लें, परंतु अब तो चुप नहीं बैठा जा सकता। यह जो मित्र वंश का नाम डूबा जा रहा है। गाँव के मुँह पर जो कालिख लगी जा रही है?'

तब हमारे गाँव के लोगों ने मिलकर जो काम किया, उसे सोचते ही मैं लज्जा से मर जाता हूँ। चाचा चले नालते के मित्र-वंश के अभिभावक बनकर और हम दस-बारह जने साथ चले, गाँव के मुँह पर कालिख न लगे, इसलिए मृत्युंजय के टूटे-फूटे मकान पर जाकर जब उपस्थित हुए, उस समय शाम हो चुकी थी। लड़की भग्न- बरामदे के एक किनारे बैठी हुई रोटी बना रही थी, अचानक लाठी-सोटा हाथ में लिए इतने लोगों को आँगन में देखकर भय से नीली पड़ गई।

चाचा ने घर के भीतर झाँककर देखा; मृत्युंजय सो रहा है, झटपट साँकल चढ़ा दी, उस भय के कारण मृतप्रायः लड़की से संभाषण शुरू कर दिया। अधिक क्या कहा जाए, संसार के किसी भी चाचा ने किसी भी समय

शायद भतीजे की स्त्री से ऐसा संभाषण नहीं किया होगा। वह ऐसा था कि लड़की हीन सपेरे की लड़की होते हुए भी उसे सहन नहीं कर सकी। आँखें उठाकर बोली, 'मेरे पिता ने बाबू के साथ निकाह कर दिया है, जानते हो!'

चाचा बोले, 'ठहर तो री!' इत्यादि-इत्यादि एवं साथ-ही-साथ दस-बारह लोग बीरदर्प से हुंकारते हुए उसकी गरदन पर टूट पड़े। किसी ने कान पकड़े, किसी ने दोनों हाथ पकड़े एवं जिन्हें ऐसा सुयोग नहीं मिला, वे भी निश्चेष्ट न रहे।

कारण, संग्राम-स्थल पर हम लोग कायरों की भाँति चुपचाप खड़े रह सकते हैं, हमारे विरुद्ध इतनी बड़ी बदनामी करते फिरने में शायद नारायण के प्रतिनिधियों की आँखों को भी लाज लगेगी। यहाँ पर एक अप्रासंगिक बात कह देना चाहता हूँ। सुना है, विलायत आदि म्लेच्छ देशों में पुरुषों में एक कुसंस्कार है, स्त्रियों को दुर्बल एवं निरुपाय कहकर उनके शरीर पर हाथ नहीं उठाते। यह भला क्या बात हुई। सनातनी हिंदू इस कुसंस्कार को नहीं मानते। हम लोग कहते हैं, जिसके शरीर में जोर नहीं है, उसी के शरीर पर हाथ उठाया जाता है। वह स्त्री-पुरुष में से कोई भी क्यों न हो!

लड़की जो पहले ही एक बार आर्त्तनाद कर उठी थी, उसके बाद एकदम चुप रह गई, परंतु हम लोग जब उसे गाँव के बाहर छोड़ आने के लिए घसीटने लगे, तब विनय करती हुई कहने लगी, 'बाबू लोगो, मुझे एक बार छोड़ दो, मैं रोटियों को घर में रख आऊँ, बाहर रह जाने से सियार-कुत्ते खा जाएँगे, रोगी मनुष्य को सारी रात खाना नहीं मिलेगा।'

मृत्युंजय बंद कमरे के भीतर पागल की भाँति सिर धुनने लगा, दरवाजे पर पाँव की ठोकर मारने लगा, परंतु हम लोग उससे रत्ती भर भी प्रसन्न नहीं हुए। स्वदेश के कल्याण के लिए सबकुछ अकातर-भाव से सहकर उसे घसीटकर खींचते हुए चल दिए।

चल दिए! इसलिए कह रहा हूँ कि मैं भी बराबर उनके साथ था, परंतु मुझमें एक दुर्बलता थी, मैं उसके शरीर से हाथ नहीं लगा सका, अपितु जैसे भीतर-ही-भीतर रो उठा। उसने अत्यंत अनुचित कार्य किया है एवं उसे गाँव से बाहर निकाल देना ही उचित है, परंतु फिर भी हम लोग कोई अच्छा काम कर रहे हैं, यह भी किसी तरह समझ में नहीं आया, परंतु मेरी बात रहने दो। आप यह न सोच लें कि देहात में उदारता का नितांत अभाव होता है। बिल्कुल नहीं, अपितु बड़े आदमी होने पर हम लोग ऐसी उदारता प्रकट करते हैं कि सुनकर आप लोग अवाक् रह जाएँगे।

यह मृत्युंजय यदि उसके हाथ से भात खाने का अक्षम्य अपराध नहीं करता तो हम लोगों को इतना क्रोध नहीं आता और कायस्थ के लड़के का सपेरे की लड़की के साथ निकाह, यह तो एक हँसकर उड़ा देने की बात है, परंतु गजब कर दिया इस भात खाने ने! भले ही हो वह ढाई महीने से बीमार, भले ही हो वह शैयाशाही, परंतु इसी से भात! पूड़ी नहीं, संदेश नहीं, बकरे का मांस नहीं! भात खाना तो अन्न-पाप है। वह तो फिर सचमुच ही माफ नहीं किया जा सकता। इसलिए देहात के लोग संकीर्ण हृदय नहीं हैं। 'चार कोस-पैदल चली' जो विद्या जिन सब लड़कों के पेट में है, वही तो एक दिन बड़े होकर समाज के शिरोमणि होते हैं। देवी बीणापाणि के वर से उनमें संकीर्णता किस तरह आ सकती है?

यही देखो, इसके कुछ दिन बाद ही प्रातःस्मरणीय स्वर्गीय मुखोपाध्याय महाशय की विधवा पुत्रवधू मानसिक-वैराग्य से दो वर्ष तक काशीवास करके तब लौटी; तब निंदक लोग कानाफूसी करने लगे कि आधी संपत्ति इस विधवा की है एवं पीछे उसके हाथ से निकल जाए, इस भय से छोटेबाबू प्रयत्न और बड़े परिश्रम के बाद बहूजी को जहाँ से लौटा लाए हैं, वह काशी ही होगी। जो भी हो, छोटेबाबू ने अपनी स्वाभाविक उदारता से गाँव की पंचायती-पूजा में दो सौ रुपए दान

देकर, गाँव के पाँच ब्राह्मणों को दक्षिणा सहित उत्तम 'फलाहार देने के पश्चात् प्रत्येक श्रेष्ठ ब्राह्मण के हाथ में जब एक-एक कांसे का गिलास देकर विदा किया, तब धन्य-धन्य हो उठी। यही क्यों, मार्ग में आते हुए बहुत से लोग देश एवं विदेश के कल्याण के निमित्त कामना करने लगे, 'ऐसे जो सब बड़े आदमी हैं, उनके घर-घर में प्रतिमास ऐसे ही शुभ अनुष्ठान क्यों नहीं हुआ करते?'

परंतु रहने दो, हमारे महत्त्व की कहानियाँ अनेक हैं। युग-युग से संचित होकर प्राय: प्रत्येक ग्रामवासी के द्वार पर वे स्तूपाकार हो उठी हैं। इस दक्षिण बंगाल के अनेक गाँवों में बहुत दिनों तक घूमकर गर्व करने योग्य अनेक बड़ी-बड़ी घटनाएँ प्रत्यक्ष देखी हैं। चरित्र-बल में, धर्म-बल में, सामाजिक-बल में और विद्या के बल में शिकायत बिल्कुल पूरी हो गई है, अब केवल अंग्रेजों को कस कर गाली दे सका तो देश का उद्धार हो जाए।

लगभग एक वर्ष हो गया। मच्छरों का काटना और नहीं सहा गया, तब सन्यासी-गिरि से सबको इस्तीफा देकर घर लौट आया हूँ। एक दिन दोपहर के समय दो कोस पर मालपाड़े में होकर चला जा रहा था, अचानक देखा, एक झोपड़ी के दरवाजे पर बैठा है मृत्युंजय। उसके माथे पर गेरुआ रंग की पगड़ी, बड़ी दाढ़ी और केश, गले में रुद्राक्ष और कौड़ियों की माला। कौन कह सकता है,

यह हमारा वही मृत्युंजय है! कायस्थ का लड़का एक वर्ष के भीतर ही जाति खोकर एकदम भली-भाँति सपेरा बन गया है। मनुष्य कितनी जल्दी अपने चौदह पुरखों की जाति को विसर्जित कर एक अन्य जाति में चला जाता है, यह एक आश्चर्यजनक घटना है। ब्राह्मण का लड़का मेहतरानी के साथ विवाह करके मेहतर हो गया और उनका व्यवसाय अपना लिया, यह शायद आप सभी ने न सुना होगा। मैंने श्रेष्ठ ब्राह्मण के लड़के को ऐंट्रेंस पास कर लेने के बाद भी डोम की लड़की से विवाह कर डोम बन जाते हुए देखा है। इस समय वह सूप-डलिया बनाकर बेचा करता है, सूअर चराता है। भले कायस्थ के लड़के को कसाई की लड़की के साथ विवाह कर कसाई हो जाते हुए भी देखा है। आज वह अपने हाथ से गाय काटकर बेचता है, उसे देखकर कौन कह सकता है कि किसी समय वह कसाई से भिन्न और कुछ होगा, परंतु सबका वही एक कारण है। मैं तभी तो सोचता हूँ, इस प्रकार जो आसानी से पुरुष को खींचकर नीचे गिरा सकती हैं, वे क्या उसी प्रकार हँसते-खेलते ऊँचा नहीं चढ़ा सकतीं। जिन ग्रामवासी पुरुषों की प्रशंसा के लिए आज पंच-मुख हो उठा हूँ, यह गौरव क्या केवल अकेले उन्हीं को मिलना चाहिए? क्या अपने ही बल पर वे इतनी जल्दी नीचे की ओर गिरते चले जाते हैं। अंदर की ओर से क्या उन्हें तनिक भी उत्साह, तनिक भी सहायता नहीं मिलती?

परंतु रहने दो। जोश में आकर शायद अनाधिकार चर्चा कर बैठूँगा, परंतु मुझे कठिनाई यही आ पड़ी है कि मैं किसी भी तरह नहीं भूल पाता कि देश के नब्बे प्रतिशत नर-नारी इन गाँवों में रहकर ही मनुष्य बनते हैं एवं इसीलिए हम लोगों को कुछ करना ही चाहिए। खैर, कह रहा था कि देखकर कौन कह सकता है कि यह वही मृत्युंजय है, परंतु मुझे उसने खातिर करके बैठाया। विलासी पोखर से पानी भरने गई थी, मुझे देखकर वह भी बहुत खुश होकर बार-बार कहने लगी, 'तुम्हारे न आने से वे लोग रात में मुझे मार ही डालते। मेरे लिए न जाने तुमने कितनी मार खाई होगी।'

बातों ही बातों में सुना, दूसरे दिन से ही वे यहाँ आकर क्रमशः घर बनाकर रहने लगे हैं एवं सुखी हैं, यह बात मुझे बताने की आवश्यकता नहीं थी, केवल उन लोगों के चेहरे की ओर देखकर ही मैं समझ गया था।

तो भी सुना, आज कहीं से उन्हें साँप पकड़ने के लिए बयाना आया है और वे तैयार बैठे हैं, मैं भी उनके साथ जाने के लिए उछल पड़ा। बचपन से ही मुझे दो बातों का बड़ा शौक रहा है। एक तो गोखुरा काला साँप पकड़कर पालना और दूसरा मंत्र सिद्ध करना।

सिद्ध होने का उपाय अब तक ढूँढ़कर भी नहीं निकाल सका था, परंतु मृत्युंजय को उस्ताद के रूप में पा लेने की आशा से आनंद से उत्फुल्ल हो उठा। वह अपने सुप्रसिद्ध ससुर का शिष्य है, अत: बड़ा आदमी है। मेरा भाग्य अचानक ऐसा चमक उठेगा, इसे कौन सोच सकता था?

परंतु काम बड़ा है एवं भय का भी है' कहकर पहले उन दोनों ने आपत्ति की, किंतु मैंने ऐसी जिद पकड़ ली कि महीने भर के भीतर ही मुझे शागिर्द बना लेने के अतिरिक्त मृत्युंजय को और कोई मार्ग ही नहीं मिला। साँप पकड़ने का मंत्र और तरकीब सिखाकर एवं भुजा में औषधियोंवाला एक ताबीज बाँधकर बाकायदा सपेरा बना दिया।

मंत्र क्या था, जानते हैं? उसका अंतिम भाग मुझे याद है--

ओरे केवट तू मनसा का बाहन--

मनसा देवी मेरी माँ--

उलट-पुलट पाताल-फेड़

ढोंढा का विष तू ले ले, अपना विष ढोंढा को दे।

--दूधराज, मणिराज!

किसकी आज्ञा से--विष-हरी की आज्ञा से!

इसका अर्थ क्या है, सो मैं नहीं जानता, कारण, जो इस मंत्र के स्रष्टा ऋषि थे, अवश्य ही कोई न कोई थे, उनका साक्षात्कार कभी नहीं मिला।

अंत में एक दिन इस मंत्र की सत्य-मिथ्या की चरम मीमांसा हो गई, परंतु जब तक नहीं हुई, तब तक साँप पकड़ने के लिए मैं चारों ओर प्रसिद्ध हो गया। सब लोग कहने लगे--हाँ,न्याड़ा एक गुणी आदमी है।

संन्यासी वेश में कामाख्या जाकर सिद्ध हो आया है। इतनी आयु में इतना बड़ा उस्ताद बन जाने से घमंड में भरकर मेरे पाँव ही धरती पर नहीं पड़ते थे, यह हालत हो गई।

विश्वास नहीं किया, केवल दो व्यक्तियों ने। मेरा जो गुरु था, वह तो अच्छी-बुरी बात नहीं कहता था, परंतु विलासी बीच-बीच में मुँह बिचकाकर हँसती हुई कहती, 'ठाकुर, ये सब भयंकर जानवर हैं, जरा सावधानी से हिलाया-डुलाया करो।' वस्तुतः मैं विष-दंत तोड़ने, साँप के मुँह से विष निकालने के काम ऐसी लापरवाही से करने लगा था कि वह सब याद करके मेरा शरीर आज भी काँप उठता है।

असल बात यह है कि साँप पकड़ना भी कठिन नहीं है एवं पकड़े हुए साँप को दो-चार दिन हाँडी में बंद रखने के बाद उसके विष-दंत भी तोड़े जाएँ या न तोड़े जाएँ, किसी भी तरह वह काटना नहीं चाहता। फन उठाकर काटने का बहाना भी करेगा, भय दिखाएगा, परंतु काटेगा नहीं।

बीच-बीच में हम गुरु-शिष्यों के साथ विलासी तर्क करती। सपेरों का सबसे लाभदायक व्यवसाय है जड़ी-बूटी बेचना, जिसे देखते ही साँप को भागने का रास्ता नहीं मिलता, परंतु उससे पहले एक मामूली सा काम करना पड़ता है। जिस साँप को जड़ी दिखाकर भगाना हो, उसके मुँह को एक लोहे की सलाख गरम करके कई बार दाग देना चाहिए। तदुपरांत उसे सलाख दिखाओ या एक सींक ही दिखा दो, उसे कहीं भागकर जान बचाने की ही सूझेगी। इस काम के विरुद्ध विलासी भयानक आपत्ति करती हुई मृत्युंजय से कहती, देखो, इस तरह मनुष्यों को ठगना मत।'

मृत्युंजय कहता, 'सभी करते हैं, इसमें दोष क्या है?'

विलासी कहती, 'करने दो सबको। हम लोगों को तो खाने-पीने की फिक्र नहीं है, फिर हम क्यों झूठ-मूठ लोगों को ठगने जाएँ।'

एक और बात मैंने बराबर लक्ष्य की। साँप पकड़ने का बयाना आते ही विलासी अनेक प्रकार की बाधा देने का प्रयत्न करती, 'आज शनिवार है, कल मंगलवार है।' ऐसे कितने ही। मृत्युंजय के उपस्थित न होने पर तो वह एकदम भगा ही देती, परंतु उपस्थिति रहने पर नकद रुपए का लोभ वह संवरण नहीं कर पाता और मुझे तो एक तरह का नशा सा उठ खड़ा हुआ था। अनेक प्रकार उसे उत्तेजित करने की चेष्टा में कमी नहीं रहने देता। वस्तुतः इसमें मजे के अतिरिक्त कहीं भय भी है, यह बात मेरे मन में ठहरती ही नहीं, परंतु इस पाप का दंड मुझे एक दिन अच्छी तरह भोगना पड़ेगा।

उस दिन डेढ़-कोस की दूरी पर एक ग्वाले के घर साँप पकड़ने गया था। विलासी हमेशा साथ जाती थी, आज भी साथ थी। मिट्टी की मढ़ैया में थोड़ी सी खोज करते ही एक बिल का चिह्न मिल गया। हममें से किसी ने नहीं देखा, परंतु विलासी सपेरे की लड़की थी, उसने झुककर कुछ कागज के टुकड़े उठाते हुए मुझसे कहा, 'ठाकुर, जरा सावधानी से खोदना। एक ही साँप नहीं है, एक जोड़ा तो है ही, शायद और भी अधिक हों।'

मृत्यंजय बोला, 'ये लोग तो कहते हैं एक ही आकर घुसा है। एक ही दिखाई दिया है।'

विलासी ने कागज दिखाते हुए कहा, 'देखते नहीं, उन्होंने यहाँ रहने की जगह बना ली है।' मृत्युंजय ने कहा, 'कागज तो चूहे भी ला सकते हैं?' विलासी ने कहा, 'दोनों बातें हो सकती हैं, परंतु दो साँप हैं, मैं कहती हूं।'

वास्तव में विलासी की बात ही ठीक निकली एवं मर्मांतक भाव से उस दिन ठीक निकली। दस मिनट के भीतर ही एक जबरदस्त 'खरिश गोखुरा' साँप पकड़कर मृत्युंजय ने मेरे हाथ में दिया, परंतु उसे पेटी में बंद करके लौटते न लौटते ही मृत्युंजय 'ओह' कहकर निश्वास छोड़ता हुआ बाहर आ खड़ा हुआ। उसकी हथेली के पीछे से झर-झरकर खून बह रहा था।

पहले तो सब जैसे हतबुद्धि हो गए। कारण, साँप पकड़ने जाते समय वह भागने के लिए व्याकुल न होकर, बिल से एक हाथ मुँह बाहर निकालकर डस ले, ऐसी अमानवीय घटना जीवन में केवल एकमात्र यही देखी थी। दूसरे क्षण विलासी चीत्कार करती हुई दौड़ी और आँचल से उसका हाथ बाँध दिया एवं जितनी तरह की जड़ी-बूटी वह साथ लाई थी, उन सबको चबाने के लिए दे दिया। मृत्युंजय का अपना ताबीज तो था ही, उसके ऊपर मेरा ताबीज खोलकर भी उसके हाथ में बाँध दिया, आशा थी कि विष इससे ऊपर नहीं चढ़ेगा। मैं अपने उसी 'विष-हरी की आज्ञा से' मंत्र का जोर-जोर से

बार-बार पाठ करने लगा। चारों ओर भीड़ जमा हो गई एवं इस पर अंचल में जहाँ भी जितने गुणी व्यक्ति थे, सबको खबर देने के लिए चारों ओर आदमी दौड़ पड़े। विलासी के पिता को भी समाचार देने के लिए आदमी गए।

मैं अविराम गति से, बिना रुके मंत्र पढ़ता रहा, परंतु पंद्रह-बीस मिनट बाद जब मृत्युंजय एक बार वमन करके नाक के स्वर में बातें करने लगा, तब तो विलासी एकदम पछाड़ खाकर जमीन पर गिर पड़ी। मैं भो समझ गया, मेरी विषहरी की दुहाई अब काम नहीं आने की।

आसपास के और भी दो-चार उस्ताद आ पहुंचे। हम लोग कभी तो एक साथ और कभी अलग-अलग तैंतीस करोड देव-देवियों की दुहाई देने लगे. परंतु विष ने एक भी दुहाई नहीं मानी, रोगी की हालत बराबर खराब होती चली गई। जब देखा गया कि अच्छी बातों से काम नहीं चलेगा तब तीन-चार ओझों ने मिलकर जिष को ऐसी अकथ्य और अश्राव्य भाषा में गाली-गलौज करना शुरू कर दिया कि अगर विष के कान होते तो मृत्युंजय को छोड़ने की तो बात कौन कहे, वह देश को ही छोड़ कर भाग जाता, मगर किसी से भी कुछ न बना। आधे घंटे जूझने के बाद, रोगी न अपने पिता-माता के लिए मृत्यंजय नाम और अपने ससुर के दिए

हुए मंत्र-औषधि आदि सबको मिथ्या प्रमाणित करके इहलोक की लीला समाप्त की। विलासी अपने पति का सिर गोद में रखे बैठी थी, वह मानो बिल्कुल पत्थर-सी हो गई।

जाने दो, उसके दुःख की कहानी अब बढ़ाना नहीं चाहता। सिर्फ इतना ही कहकर खत्म कर दूंगा कि वह सात दिन से ज्यादा अपना जिंदा रहना न सह सकी। मुझसे एक दिन उसने सिर्फ यह कहा- 'महाराज, मेरे सर की कसम है, इस काम को तुम अब कभी न करना।'

मैं अपना तावीज और कवच तो मृत्युंजय के साथ ही दफना चुका था, बच रही थी सिर्फ विषहरी की आज्ञा, परंतु वह आज्ञा कोई मजिस्ट्रेट की आज्ञा नहीं और सांप का विष हिंदुस्तानियों का विष नहीं, इस बात को भी मैं समझ गया था।

एक दिन जाकर सुना-घर में जहर की तो कमी थी नहीं, विलासी ने आत्महत्या कर ली है और शास्त्रों के अनुसार निश्चय ही वह नरक गई, परंतु वह कहीं भी जाए, जब मेरा अपना जाने का समय आएगा तब इतना तो मैं कह सकता हूं कि वैसे ही किसी एक नगर में जाने के प्रस्ताव से मैं पीछे न हटूंगा।

चचा साहब बगीचे पर सोलहों आने दखल जमाकर,

अत्यंत विज्ञ की भांति चारों तरफ कहते-फिरने लगे-- "उसकी अपघात मृत्यु न होती तो और किसकी होती? मर्द वैसी एक छोड़ दस करे न, उससे कुछ बनता-बिगड़ता नहीं। बहुत होगा तो जरा निंदा हो जाएगी, मगर उसके हाथ का भात खाकर मौत क्यों बुलाई भला? खुद मरा और मेरा भी सिर नीचा कर गया। न कोई आग देने वाला रहा और न कोई पिंड-पानी देने वाला। श्राद्ध-शांति कुछ भी नहीं हुई।"

गांव के लोग एक स्वर में कहने लगे-"इसमें क्या शक है! अन्न-पाप महापाप है! बाप रे, इसका कोई प्रायश्चित है!"

विलासी की आत्महत्या की घटना भी बहुतों के परिहास का विषय हो गई। मैं अक्सर सोचा करता हूं, यह अपराध शायद उन दोनों ने ही किया था, परंतु मृत्युंजय तो एक गांव का लड़का था, देहात के तेल-पानी से ही इतना बड़ा हुआ था, फिर भी उसे इतने दुःसाहस के काम में जिस वस्तु ने प्रवृत्त कर दिया था, उसे किसी ने आंखें खोल देखा तक नहीं!

मुझे मालूम होता है-जिस देश के नर-नारि में परस्पर हृदय जय करके विवाह करने की रीति नहीं है, बल्कि वह निंदा की चीज है, जिस देश के स्त्री-पुरुष आशा

करने के सौभाग्य और आकांक्षा करने के भयंकर आनंद से हमेशा के लिए वंचित हैं, जिन्हें विजय का गर्व और पराजय की व्यथा, इनमें से किसी को भी अपने जीवन में वहन नहीं करना पड़ता, जिनके भूल करने का दुःख और भूल न करने का आत्मप्रसाद दोनों में से एक बला नहीं, जिनके प्राचीन और बहुदर्शी विज्ञ समाज ने बहुत ही सावधानी से देश के लोगों को सब तरह के हंगामों से अलग रहकर आजीवन केवल भले आदमी बने रहने की व्यवस्था कर दी है, इसी से विवाह-संस्कार जिनके लिए महज एक कॉनट्रेक्ट है, फिर वह वैदिक मंत्रों से डाकुमेंट शुदा चाहे जितना पक्का ही क्यों न हो गया हो, उस देश के लोगों में इतनी सामर्थ्य नहीं कि वे मृत्युंजय के अन्न-पाप का कारण समझ सकें। विलासी का जिन लोगों ने मजाक उड़ाया था, वे सभी साधु-गृहस्थ और साधु-गृहिणियां हैं, उन सबको अक्षय स्वर्ग और सती-लोक प्राप्त होगा, यह भी मैं जानता हूं, परंतु वह संपेरे की लड़की जब एक पीड़ित और शय्यागत रोगी को तिल-तिल करके जीत रही थी, उसके उस समय के गौरव का एक कण भी शायद आज तक उसमें से किसी ने आंखों से नहीं देखा। मृत्युंजय, हो सकता है कि एक बहुत ही तुच्छ आदमी हो, किंतु उसका हृदय जीतकर, उस पर कब्जा करने का आनंद तो तुच्छ नहीं था, उसकी वह संपदा तो मामूली नहीं थी!

इस देश के लोगों के लिए इस चीज का ही समझ सकना कठिन है। मैं भूदेव मुखर्जी के 'पारिवारिक निबंधों' को भी दोष नहीं दूंगा और शास्त्री तथा सामाजिक विधि-विधानों की भी निंदा नहीं करूंगा, और कहने पर मुंह पर जवाब देते हुए जो कहेंगे कि यह हिंदु-समाज अपने विधि-विधानों के जोर से ही, इतनी शताब्दियों के इतने विद्रोह-तुफानों के बाद भी जीवित है, मैं उसकी भी अत्यंत भक्ति करता हूं। प्रत्युत्तर में उनसे मैं यह हरगिज नहीं कहूंगा कि जीवित रहना ही चरम सार्थकता है, ऐसे तो अतिकाय हाथी तक लुप्त हो गए हैं और तिलचट्टे जीवित हैं। मैं सिर्फ इतना ही कहूंगा कि बड़े आदमी के नंद-गोपाल की तरह दिन-रात आंखों में और गोद ही गोद में रखने से वह अच्छा तो रहेगा, इसमें संदेह नहीं, परंतु बिल्कुल ही तिलचट्टे की तरह जिलाए रखने की अपेक्षा अगर उसे एक बार गोद से उतारकर और भी पाँच आदमियों की तरह दो-चार कदम पैदल चलने दिया जाए तो शायद वह प्रायश्चित करने लायक पाप न होगा।

सती

एक

हरीश पबना एक संभ्रांत, भला वकील है, केवल वकालत के हिसाब से ही नहीं, मनुष्यता के हिसाब से भी। अपने देश के सब प्रकार के शुभ अनुष्ठानों के साथ वह थोड़ा-बहुत संबंधित रहता है। शहर का कोई भी काम उसे अलग रखकर नहीं होता। सबेरे 'दुर्नीति-दमन-समिति' की कार्यकारिणी सभा का एक विशेष अधिवेशन था, काम समाप्तकर घर लौटते हुए थोड़ा विलंब हो गया था। अब किसी तरह थोड़ा सा खा-पीकर अदालत पहुँचना आवश्यक है। विधवा छोटी बहन उमा पास बैठी हुई देखभाल कर रही थी कि कहीं समय की कमी से खाने-पीने में कमी न रह जाए।

पत्नी निर्मला धीरे-धीरे समीप जाकर बैठ गई, बोली, 'कल के अखबार में देखा है, हमारी लावण्यप्रभा यहाँ लड़कियों के स्कूल की इंस्पेक्ट्रेस होकर आ रही है।'

यह साधारण-सी बात कुछ संकेतों में बहुत गंभीर थी।

उमा चकित होकर बोली, 'सचमुच क्या? उस लावण्य का नाम यहाँ तक कैसे आ पहुँचा भाभी!"

निर्मला बोली, 'आ ही गया! इन्हें पूछती हूँ।'

हरीश मुँह उठाकर सहसा कड़वे स्वर से बोल उठा, 'मैं कैसे जानूँगा, सुनूँ तो? गवर्नमेंट क्या मुझसे पूछकर लोगों को बहाल करती है?'

स्त्री ने स्निग्ध स्वर से उत्तर दिया, 'अहा, नाराज क्यों होते हो, नाराजी की बात तो मैंने कही नहीं, तुम्हारी तदबीर-तकाजे से यदि किसी का उपकार हो तो वह प्रसन्नता की ही बात है! ' कहकर जैसी आई थी, वैसी ही मंथर-मृदु चाल से बाहर चली गई।

उमा घबरा उठी, 'मेरे सिर की शपथ है दादा, उठो मत, उठो मत!'

हरीश विद्युत-वेग से आसन छोड़कर उठ बैठा, "नहीं, शांतिपूर्वक एक कौर खाया भी नहीं जा सकता। आत्मघात किए बिना और...।" कहते-कहते

शीघ्रतापूर्वक बाहर निकल गया। जाते समय राह में स्त्री का कोमल स्वर कान में पड़ा, 'तुम किस दुःख से आत्मघात करोगे? जो करेगा, उसे एक दिन दुनिया देख लेगी!'...

यहाँ हरीश का कुछ पूर्व-वृत्तांत कह देना आवश्यक है। इस समय उसकी आयु चालीस से कम नहीं है, परंतु जब सचमुच कम थी, उस छात्र-जीवन का एक इतिहास है। पिता राममोहन उस समय बारीसाल के सब-जज थे, हरीश एम.ए, परीक्षा की तैयारी करने के लिए कलकत्ता का मैस छोड़कर बारीसाल आ गया था। पड़ोसी थे हरकुमार मजूमदार--स्कूल इंस्पेक्टर। वे बड़े निरीह, निरभिमानी एवं अगाध विद्वान् थे। सरकारी काम से फुरसत पाकर एवं बैठे रहकर, कभी-कभी आकर सदर आला बहादुर की बैठक में बैठते थे। गंजे मुंसिफ, दाढ़ी मुँडे डिप्टी, बहुत मोटे सरकारी वकील, शहर के अन्य गण्यमान व्यक्तियों के दल में से संध्या के पश्चात् कोई भी प्रायः अनुपस्थित नहीं रहता। उसका कारण था--सदर स्वयं थे निष्ठावान हिंदू। अतएव आलाप-आलोचना का अधिकांश भाग होता था धर्म के संबंध में और जैसा सब जगह होता है, यहाँ भी वैसे ही अध्यात्म तत्त्व-कथा की शास्त्रीय मीमांसा का समाधान होता, खंड-युद्ध की समाप्ति में। उस दिन ऐसी ही एक लड़ाई

के बीच, हरकुमार अपनी बाँस की छड़ी हाथ में लिये धीरे-धीरे आ उपस्थित हुए। इस सब युद्ध-विग्रह व्यापार में, वे किसी भी दिन कोई अंश ग्रहण नहीं करते थे। स्वयं को ब्राह्म-समाज के अंतर्गत समझने से हो अथवा शांत-मौन प्रकृति के मनुष्य होने के कारण हो, चुप रहकर सुनने के अतिरिक्त, गले पड़कर अपन मत प्रकट करने की चंचलता उनमें एक दिन भी नहीं देखी गई, परंतु आज दूसरी ही बात हुई। उनके कमरे में घुसते ही गंजे मुंसिफ बाबू उन्हीं को मध्यस्थ मान बैठे। इसका कारण यह था कि इस बार छुट्टी में कलकत्ता जाकर वे कहीं से इन महोदय के भारतीय-दर्शन के संबंध में गंभीर ज्ञान का एक जनरव सुन आए थे। हरकुमार मुस्कराते हुए सहमत हो गए। थोड़ी ही देर में पता चल गया कि शास्त्रों के बंगला अनुवाद मात्र का सहारा लिए ही उनके साथ तर्क नहीं चल सकता। सब लोग प्रसन्न हुए, न हुए तो केवल सब-जज बहादुर स्वयं ही अर्थात् जो व्यक्ति जाति खो बैठा है, उसका फिर शास्त्र-ज्ञान किसलिए? और कहा भी ठीक यही! सबके उठ जाने पर, उनके परमप्रिय सरकारी वकील-बाबू आँखों का इशारा कर हँसते हुए बोले, 'सुना तो छोटे साहब, भूत के मुँह से राम-नाम और क्या!'

डिप्टी साहब ठीक सम्मति नहीं दे सके, कहा, 'कुछ भी हो, परंतु जानते खूब हैं। सब जैसे कंठस्थ है! पहले मास्टरी करते थे या नहीं।...'

हाकिम प्रसन्न नहीं हुए। बोले, "उसकी जानकारी के मुँह में आग! यही लोग होते हैं ज्ञान-पापी, इनकी कभी मुक्ति नहीं होती ।"

हरीश उस दिन चुपचाप एक ओर बैठा था। इस स्वल्पभाषी प्रौढ़ व्यक्ति के ज्ञान और पांडित्य को देखकर वह मुग्ध हो गया था। अस्तु, पिता का अभिमत चाहे जो हो, पुत्न ने अपने आगामी परीक्षा-समुद्र से मुक्ति पाने का भरोसा लिये हुए, उन्हें जाकर पकड़ लिया, सहायता करनी ही होगी। हरकुमार तैयार हो गए। यहीं उनकी कन्या लावण्य के साथ हरीश का परिचय हुआ। वह भी आई.ए. परीक्षा की पढ़ाई की तैयारी करने के लिए कलकत्ता की धमा-चौकड़ी को छोड़कर आई हुई थी। दिन से प्रतिदिन के आवागमन में हरीश ने केवल पाठ्यपुस्तकों के दुरूह अंश का अर्थ ही नहीं जाना, एक और भी जटिलतर वस्तु का स्वरूप जान लिया, जो तत्त्व की दृष्टि से बहुत बड़ा था, परंतु उस बात को अभी रहने दो! क्रमश: परीक्षा के दिन पास खिंचते आने लगे, हरीश कलकत्ता चला गया। परीक्षा उसने अच्छी तरह दी एवं अच्छी तरह पास भी की।

कुछ दिनों बाद जब फिर साक्षात्कार हुआ तो हरीश ने संवेदना से चेहरे को उदास बनाते हुए पूछा, "आप फेल हो गईं, यह तो बड़ा... ।'

लावण्य ने कहा, 'इसे भी न कर सकूँ, मैं क्या इतनी अशक्त हूँ।'

हरीश हँस उठा। बोला, 'जो होना था, हो चुका! परंतु अबकी बार खूब अच्छी तरह परीक्षा देनी चाहिए।'

लावण्य तनिक भी लज्जित नहीं हुई। बोली, 'खूब अच्छी तरह देने पर भी मैं फेल हो जाऊँगी। उसे मैं कर नहीं सकती!'

हरीश अवाक् हो गया। पूछा, "क्यों नहीं कर सकेंगी?"

लावण्य ने जवाब दिया, "क्यों फिर क्या? ऐसे ही!" यह कहकर वह हँसी रोकती हुई शीघ्रतापूर्वक चली गई।

क्रमशः बात हरीश की माँ के कानों में पहुँची।

उस दिन प्रात:काल राममोहन बाबू मुकदमे का निर्णय लिख रहे थे। जो अभागा हार गया था, उसका और कहीं भी कोई कूल-किनारा न रहे इस शुभ संकल्प को कार्य में परिणत करते हुए, निर्णय के मसविदे में छान- बीनकर शब्द-योजना कर रहे थे, पत्नी के मुख से लड़के का कांड सुनकर उनका माथा गरम हो उठा।

हरीश ने मनुष्य-हत्या की है, सुनकर शायद वे इतने विचलित नहीं होते। दोनों आँखों को लाल करते हुए बोले, क्या! इतना...” इससे अधिक बात उनके मुँह से नहीं निकली।

दिनाजपुर रहते समय एक प्राचीन वकील के साथ--शिखागुच्छ, गीता-तत्त्वार्थ और पेंशन मिलने पर काशीदास की उपकारिता को लेकर दोनों का मत बहुत मिल गया था एवं मित्रता स्थापित हो गई थी। एक छुट्टी के दिन जाकर, उसी की छोटी लड़की निर्मला को फिर एक बार आँखों से देखकर, उसके साथ अपने लड़के का विवाह करने का पक्का वचन दे आए थे।

लड़की देखने में अच्छी थी, दिनाजपुर में रहते समय गृहिणी ने उसे अनेक बार देखा था, तथापि पति की बात सुनकर गाल पर हाथ रख लिया, 'कहते क्या हो जी, एक बार में ही पक्का वचन दे आए! आजकल के लड़के...।'

पति ने कहा, “परंतु मैं तो आजकल का बाप नहीं हूँ। मैं अपने पुराने जमाने के नियमानुसार ही लड़कों को भी बना सकता हूँ। हरीश की पसंद यदि न हो तो उसके लिए और उपाय हो सकता है, बताओ!

गृहिणी पति को पहचानती थी, वे चुप हो गई।

पति ने फिर कहा, 'भले घर की कन्या पंख-विहीन लड़की नहीं होती। वह यदि अपना माता के सतीत्व एवं पिता के हिंदुत्व को लेकर हमारे घर आएगी, उसी को हरीश का सौभाग्य समझना चाहिए।'

समाचार को प्रकट होने में देर न लगी। हरीश ने भी सुना। पहले उसने मन में सोचा; भागकर कलकत्ता आ पहुँचे, कुछ न जुटाने पर ट्यूशन ही करके जीविका-निर्वाह करेगा। पीछे सोचा, संन्यासी हो जाएगा। अंत में, पिता स्वर्ग; पिता धर्मः पिता हि परमं तपः--इत्यादि स्मरण करके चुप बैठ गया।

कन्या के पिता धूमधाम से वर देखने आए, एवं सगाई का काम भी इसी के साथ पूरा कर दिया। आयोजन में शहर के बहुत से संभ्रांत व्यक्ति भी आमंत्रित होकर आए थे। निरीह हरकुमार कुछ जाने बिना ही आए थे। उनके समक्ष रायबहादुर ने अपने भावी संबंधी मैत्र महाशय की हिंदू धर्म में प्रगाढ़ निष्ठा का परिचय दिया एवं अंग्रेजी शिक्षा में संख्यातीत दोषों का वर्णन कर बहुत प्रकार से ऐसा अभिमत प्रकट किया कि उन्हें हजार रुपये महीना नौकरी के देने के अतिरिक्त अंग्रेजों का और कोई गुण नहीं है। आजकल के दिन और ही तरह के हो गए हैं, लड़कों को अंग्रेजी पढ़ाए बिना काम नहीं चलता, परंतु जो मूर्ख इस म्लेच्छ-विद्या

और म्लेच्छ-सभ्यता को हिंदुओं के पवित्र अंत:पुर की लड़कियों में खींच लाना चाहते हैं, उनका इहलोक भी खराब है, परलोक भी खराब है!

केवल हरकुमार के अतिरिक्त इसका गूढ़ार्थ किसी को अविदित नहीं रहा। उस दिन आयोजन समाप्त होने से पहले ही विवाह का दिन निश्चित हो गया एवं यथासमय शुभ-कार्य संपन्न होने में विघ्न भी नहीं पड़ा। कन्या को ससुराल भेजने से पहले मैत्र-पत्नी, निर्मला की सती-साध्वी माता ठकुरानी ने वधू-जीवन के चरम-तत्त्व को लड़की के कानों में डाल दिया। बोली, 'बेटी, पुरुष को आँखों-आँखों में न रखने पर वह हाथ से निकल जाता है। गृहस्थी करते समय और चाहे कुछ भूल जाना, पर यह बात कभी मत भूलना!'

उसके अपने पति ने चुटिया के गुच्छे और श्रीगीता के तत्त्वार्थ को लेकर उन्मत्त हो उठने से पहले तक उन्हें बहुत जलाया था। आज भी उनका दृढ विश्वास है--बूढ़े मैत्र के चिता पर शयन न करने तक उनके निश्चित होने का समय नहीं आएगा।

निर्मला पति की गृहस्थी चलाने आई एवं उसी घर को आज बीस वर्ष से चला रही है। इस सुदीर्घ काल में कितना परिवर्तन, कितना कुछ हो गया। रायबहादुर मर गए, धर्मनिष्ठ मैत्र स्वर्गवासी हो गए, पढ़ाई-लिखाई

समाप्त होकर लावण्य का अन्यत्र विवाह हो गया। जूनियर वकील हरीश सीनियर हो गया, आयु भी अब यौवन पार कर प्रौढ़ता में जा पड़ी, परंतु निर्मला अपनी माता के दिए हुए मंत्र को जीवनभर नहीं भूली।

दो

इस सजीव मंत्र की क्रिया इतनी जल्दी शुरू होगी, इसे कौन जानता था! रायबहादुर तब भी जीवित थे, पेंशन लेकर पबना के मकान में आ गए थे। हरीश के एक वकील-मित्र के यहाँ पितृ-श्राद्ध के उपलक्ष्य में कलकत्ता से एक अच्छी कीर्तन वाली आई थी। वह देखने में सुंदर और कम उमर की थी। बहुतों की इच्छा थी कि काम-काज समाप्त हो जाने पर, एक दिन अच्छी तरह उनका कीर्तन सुना जाए। दूसरे दिन हरीश को गाना सुनने का निमंत्रण मिला, सुनकर घर लौटते समय कुछ अधिक रात हो गई।

निर्मला ऊपर खुले बरामदे में, सड़क की ओर देखती हुई खड़ी थी। पति को ऊपर आते देखते ही पूछ बैठी, 'गाना कैसा लगा?'

हरीश ने प्रसन्न होकर कहा, 'अच्छा गाती है!'

देखने में कैसी है?'

"बुरी नहीं, अच्छी ही है!"

निर्मला ने कहा, "तब तो रात एकदम बिताकर ही आ जाते।"

इस अप्रत्याशित कुत्सित मंतव्य से हरीश क्रुद्ध हुआ था, आश्चर्य से अभिभूत हो गया। उसके मुँह से केवल इतना निकला, 'सो कैसे?'

निर्मला क्रुद्ध होकर बोली, 'ठीक तरह से! मैं नन्ही बच्ची नहीं हूँ, सब जानती हूँ, सब समझती हूँ, तुम मेरी आँखों में धूल डालोगे? अच्छा!'

उमा बगलवाले कमरे से दौड़ आकर भयभीत हुई बोली, 'तुम क्या कह रही हो भाभी, पिताजी सुन पाएँ तो...?'

निर्मला ने जवाब दिया, 'भले ही सुन लें! मैं तो गुपचुप बात कह ही नहीं रही हूँ।'

इस उत्तर के प्रत्युत्तर में उमा क्या कहे, सो नहीं सोच पाई; परंतु कहीं उसके उच्च स्वर से वृद्ध पिता की नींद टूट न जाए, इस भय से उसने दूसरे ही क्षण हाथ जोड़कर क्रोध को दबाए हुए गले से विनती करते हुए कहा, 'क्षमा करो भाभी, इतनी रात में चिल्लाकर और लज्जाजनक काम मत करो!'

बहू का कंठ-स्वर इससे बढ़ा ही, कम नहीं हुआ। कहा, 'किसके लिए लज्जाजनक? तुम क्यों कहोगी, ननदरानी! तुम्हारे हृदय का भीतरी भाग तो अब आग से भर ही नहीं सकता।' कहते-कहते उसने रोते हुए शीघ्रतापूर्वक कमरे में घुसकर जोर से दरवाजे बंद कर दिए।

हरीश ने कठपुतली की भाँति चुपचाप नीचे आकर शेष रात्रि मुवक्किलों के बैठने की बेंच पर सोते हुए काट दी। इसके पश्चात् दसेक दिन के लिए दोनों में वार्तालाप बंद हो गया।

परंतु हरीश को भी अब संध्या के बाद बाहर नहीं पाया जाता। बाहर जाने पर भी उसकी शंकाकुल व्याकुलता लोगों की हँसी की वस्तु हो उठती। मित्र लोग नाराज होकर कहने लगे, 'हरीश, जितने बूढ़े हो रहे हो, आसक्ति भी उतनी ही अधिक होती जा रही है, क्यों?'

हरीश अधिकांश जगहों पर उत्तर नहीं देता, केवल बहुत कुछ सोचने पर ही कहता, 'इस घृणा से यदि तुम लोग मुझे त्याग सको, तो तुम भी बचो और मैं भी बच जाऊँ।'

मित्र लोग कहते, 'व्यर्थ! व्यर्थ!'

उन्हें लज्जा दिलानेवाला अब स्वयं ही लज्जा से मरने लगा।

तीन

'उस बार पीलिया रोग से लोग बहुत अधिक मरने लगे। हरीश को भी रोग ने धर दबाया। वैद्य ने आकर परीक्षा करने के उपरांत मुँह गंभीर बना लिया। कहा, 'मृत्युदायक है, बचना मुश्किल है!'

रायबहादुर तब तक परलोक जा चुके थे। हरीश की वृद्धा माता पछाड़ खाकर गिर पड़ीं। निर्मला ने घर से बाहर निकलते हुए कहा, "मैं यदि सती माता की सती कन्या हूँ, तो मेरी माँग का सिंदूर पोंछने का साहस किसमें है? तुम लोग उन्हें देखो, मैं जा रही हूँ!" कहकर वह शीतला के मंदिर में जा, हत्या देकर पड़ गई, 'वे बचेंगे तो फिर घर लौटूँगी अन्यथा यहीं रहकर उनके साथ चली जाऊँगी।'

सात दिन तक देवता के चरणामृत के अतिरिक्त कोई उसे पानी तक नहीं पिला सका।

वैद्य ने आकर कहा, 'बेटी, तुम्हारे पति आरोग्य हो गए, अब तुम घर चलो।'

लोग भीड़ करके देखने आए, स्त्रियों ने पाँव की धूलि ली, उसके माथे में थोप-थोपकर सिंदूर भर दिया, 'मनुष्य तो नहीं, जैसे साक्षात् देवी हो!' वृद्धों ने कहा, "सावित्री का उपाख्यान मिथ्या है। क्या 'कलियुग में धर्म

चला गया', कह देने से एकदम सोलहों आने चला गया? यम के मुख से पति को ले आई है!"

मित्र लोग लाइब्रेरी में बहस करने लगे, 'किसी साथ से ही मनुष्य स्त्री का गुलाम होता है। विवाह तो हम लोगों ने भी किया है, परंतु ऐसी स्त्री कोई नहीं होगी। अब समझ में आया कि हरीश संध्या के बाद बाहर क्यों नहीं रहता था।'

वीरेन वकील भला आदमी है। गत वर्ष छुट्टियों में काशी जाकर वह किसी संन्यासी से मंत्र ले आया है। टेबुल पर प्रचंड कराघात करता हुआ बोला, 'मैं जानता था कि हरीश नहीं मर सकेगा। वास्तव में सतीत्व नामक वस्तु क्या गामूली बात है? घर में रहने के लिए कह गई, 'यदि सती माता की सती कन्या होऊँ तो'-- ओह! शरीर सिहर उठता है।'...

तारणी चटर्जी बूढ़े हो चले हैं, अफीमखोर आदमी हैं, एक ओर बैठे हुए एकाग्रचित्त से तंबाकू पी रहे थे। हुक्के को बेयरा के हाथ में दे, निश्श्वास छोड़ते हुए बोले, 'शास्त्र के मत से सहधर्मिणी की बात कठिन है। मुझ ही को देखो न, केवल सात लड़कियाँ ही हैं। विवाह करते-करते ही कंगाल हो गया।'

बहुत दिनों बाद ठीक होकर फिर जब हरीश अदालत में आया, तब कितने लोगों ने उसका अभिनंदन किया, उसकी संख्या नहीं।

ब्रजेन्द्रबाबू ने खेदपूर्वक कहा, 'भाई हरीश, 'स्त्रैण' कहकर तुम्हें बहुत लज्जित किया है, क्षमा करो! लाखों क्यों, करोड़ों-करोड़ों के बीच तुम्हारे जैसा भाग्यवान कोई है! तुम धन्य हो!'

भक्त वीरेन बोला, 'सीता-सावित्री की बात को न तो छोड़ दो, परंतु लीलावती-गार्गी हमारे ही देश में जन्मी थीं। भाई, स्वराज्य-फराज कुछ भी कहो, किसी तरह नहीं हो सकता, जब तक स्त्रियों को फिर उसी तरह का नहीं बना दिया जाता! मुझे तो लगता है कि शीघ्र ही पबना में एक आदर्श नारी-शिक्षा-समिति स्थापित करने की आवश्यकता है एवं जो आदर्श महिला उसकी परमानेंट प्रेसीडेंट होंगी, उनका नाम तो हम सभी जानते हैं!'

वृद्ध तारिणी चटर्जी ने कहा, 'उसी के साथ एक दहेज-प्रथा-निवारिणी समिति होना भी जरूरी है, सारा देश क्षार-क्षार हो गया है।'

ब्रजेन्द्र ने कहा, 'हरीश, तुम्हारा तो बचपन में अच्छा लिखनेवाला हाथ था, तुम्हें उचित है कि तुम इस 'रिकवरी' के संबंध में एक 'आर्टिकल' लिखकर 'आनंद बाजार पत्रिका' में छपवा दो।'

हरीश किसी बात का जवाब नहीं दे सका, कृतज्ञता से उसकी दोनों आँखें छलछला आई।

चार

मृत जमींदार गुसाईंचरण की विधवा पुत्रवधू के साथ अन्य पुत्रों का जमींदारी के संबंध में मुकदमा छिड़ गया। हरीश था विधवा का वकील। जमींदार के लोगों में न जाने कौन किस पक्ष का हो, यह विचारकर गुप्त परामर्श करने के लिए विधवा स्वयं ही इससे पूर्व दो-एक बार वकील के घर आई थीं। आज सवेरे भी उनकी गाड़ी आकर हरीश के सदर दरवाजे पर रुकी। हरीश ने चकित होकर उन्हें अपनी बैठक में आकर बैठाया। बातचीत कहीं निजी बैठक के दूसरे कमरे में बैठे हुए मुहर्रिर के कानों में न जा पड़े, इस भय से दोनों ही सावधानी से धीरे-धीरे बातें कर रहे थे। विधवा के किसी असंलग्न प्रश्न पर हरीश द्वारा हँसकर जबाब देने की चेष्टा करते ही बगलवाले कमरे के परदे की ओट में से अचानक एक तीक्ष्ण कंठ-स्वर आया, 'मैं सब सुन रही हूँ!'

विधवा चौंक पड़ी, हरीश लज्जा और आशंका से काठ हो गया।

एक जोड़ी अत्यंत सतर्क कान और नेत्र उस पर दिन-रात पहरा लगाए रहते हैं, यह बात वह क्षणभर के लिए भूल गया था।

परदा हटाकर निर्मला रणचंडी सी बाहर निकल आई। हाथ हिलाकर कंठ-स्वर में जहर घोलती हुई बोली, 'फुसफुसाकर बातें करके मुझे धोखा दोगे? मन में भी मत सोचना! क्यों, मैंने अपने साथ तो कभी इस तरह हँसकर बातें करते नहीं देखा!'

अभियोग बिल्कुल झूठा नहीं था।

विधवा भयभीत होकर बोली, 'यह क्या उपद्रव है हरीशबाबू!'

हरीश विमूढ़ की भाँति क्षणभर देखता रहकर बोला, 'पागल!'

निर्मला ने कहा, 'पागल! पागल ही सही, परंतु करोगे क्या, सुनूँ तो?' कहकर वह हाऊ-हाऊ करके रोती हुई, अचानक घुटने टेककर विधवा के पाँवों के पास धम्-धम् करके माथा फोड़ने लगी। मुहर्रिर काम छोड़कर दौड़ा आया, एक जूनियर वकील उसी के लिए आया था, वह आकर दरवाजे के समीप खड़ा हो गया, बोस-कंपनी का बिल भुगतान के लिए आया हुआ आदमी उसी के कंधे के ऊपर उचकने लगा एवं उन्हीं की आँखों

के सामने निर्मला सिर फोड़ने लगी, 'मैं सब जानती हूँ! मैं सब समझती हूँ! रहो, तुम्हीं लोग सुखी रहो, परंतु सती माता की कन्या यदि होऊँ, यदि मन-वचन से एक के अतिरिक्त दूसरे को जानती भी होऊँ, यदि,.. ।'

इधर विधवा स्वयं भी रोती हुई कहने लगी, 'यह क्या तमाशा है, हरीशबाबू! यह क्या बदनामी दी जा रही है, यह क्या मेरा... ।'

हरीश ने किसी बात का कोई प्रतिवाद नहीं किया। नीचा मुँह किए खड़े हुए उसके मन में होने लगा; पृथ्वी! क्यों नहीं फट जाती हो!'

लज्जा, घृणा, क्रोध से हरीश उसी कमरे में स्तब्ध होकर बैठा रहा। अदालत जाने की बात सोच भी नहीं सका। दोपहर को उमा आकर बहुत साध्य-साधना एवं सिर की शपथ देकर कुछ खिला गई। संध्या होने से पूर्व ब्राह्मण महाराज ने चाँदी की कटोरी में थोड़ा सा पानी लेकर पाँवों के पास रख दिया। हरीश को पहले तो इच्छा हुई कि लात मारकर फेंक दे, परंतु आत्मसंबरण करके आज भी पैर का अँगूठा उसमें डुबा दिया। पति का चरणामृत पान किए बिना निर्मला किसी दिन पानी भी नहीं छूती थी।

रात में बाहर के कमरे में अकेला लेटा हुआ हरीश सोच रहा था। उसके इस दुःखमय दूभर जीवन का अंत कब होगा! ऐसा बहुत दिन बहुत प्रकार से सोचा है, परंतु अपनी इस सती स्त्री के एकनिष्ठ प्रेम के दुस्सह नागपाश बंधन से मुक्ति का कोई भी मार्ग उसकी आँखों को दिखाई नहीं दिया।

पाँच

दो वर्ष बीत गए। निर्मला ने खोज करके जाना है कि अखबार की खबर झूठी नहीं है, लावण्य सचमुच ही पबना के लड़कियों के स्कूल की निरीक्षिका बनकर आ रही है।

आज हरीश ने कुछ जल्दी ही अदालत से लौटकर छोटी बहन उमा को बताया कि रात ट्रेन से उसे विशेष आवश्यक काम से कलकत्ता जाना होगा, लौटने में शायद चार दिन की देर हो जाएगी। बिछौना एवं आवश्यक कपड़े-लत्ते नौकर द्वारा ठीक करवा रखने हैं।

पंद्रह दिन से पति-पत्नी में बोलचाल बंद थी।

रेलवे-स्टेशन दूर है, रात के आठ बजे ही मोटर से बाहर निकल जाना पड़ेगा। संध्या के बाद वह मुकदमे के आवश्यक कागज-पत्र हैंडबैग में रख रहा था, निर्मला ने

तभी प्रवेश किया।

हरीश ने मुँह उठाकर देखा, कुछ कहा नहीं।

निर्मला ने क्षणभर मौन रहकर प्रश्न किया, 'आज कलकत्ता जा रहे हो क्या?'

हरीश ने कहा, 'हाँ! '

'क्यों?'

'क्यों, फिर क्या? मुवक्किल का काम है, हाईकोर्ट में मुकदमा है।'

'चलो न, मैं भी तुम्हारे संग चलूँगी!'

'तुम चलोगी? जाकर कहाँ ठहरोगी, सुनूँ तो?'

निर्मला ने कहा, 'जहाँ भी होगा! तुम्हारे साथ पेड़ के नीचे रहने में भी मुझे लज्जा नहीं है।'

बात अच्छी थी, एक सती स्त्री के उपयुक्त थी, परंतु हरीश के सर्वांग में जैसे कौंच की फली मल दी गई! कहा, 'तुम्हें लज्जा नहीं है, मुझे है! मैंने पेड़ के नीचे के बदले फिलहाल किसी एक मित्र के घर जाकर ठहरना निश्चित किया है।'

निर्मला बोली, 'तब तो और भी अच्छा है, उसके घर में भी स्त्री होगी, बाल-बच्चे होंगे, मुझे कोई असुविधा नहीं होगी!'

हरीश ने कहा, 'नहीं, यह नहीं होगा! किसी ने बोला नहीं, कहा नहीं, बिना बुलाए दूसरे के मकान में तुम्हें ले जाकर मैं नहीं ठहर सकूँगा।'

निर्मला बोली, 'नहीं हो सकेगा, सो जानती हूँ, मुझे साथ लेकर लावण्य के घर में तो ठहरा नहीं जा सकता!'

हरीश क्रुद्ध हो उठा। हाथ-मुँह हिलाकर चिल्लाता हुआ बोला, 'तुम जैसी घृणित हो, वैसी ही नीच भी! वह विधवा भद्र महिला है, मैं वहाँ क्यों जाऊँगा? वह भी मुझे आने के लिए क्यों कहेगी? इसके अतिरिक्त, मेरे पास समय ही कहाँ है? दूसरे के काम से कलकत्ता जाकर साँस छोड़ने की फुर्सत भी नहीं मिलेगी!'

"मिलेगी, जी मिलेगी!" कहकर निर्मला कमरे से बाहर निकल गई।

तीन दिन बाद हरीश के कलकत्ता से लौट आने पर स्त्री ने कहा, 'चार-पाँच दिन की कह गए, तीन दिन में ही लौट आए, यह तो बड़ा...।'

हरीश ने कहा, 'काम खत्म हो गया, चला आया।'

निर्मला ने जोर से हँसते हुए एक प्रश्न किया, 'लावण्य से साक्षात्कार नहीं हुआ शायद!'

हरीश ने कहा, 'नहीं!'

निर्मला ने बड़ी भली आदमिन की भाँति पूछा,

'कलकत्ता जाकर भी एक बार खबर क्यों नहीं ली?'

हरीश ने जवाब दिया, 'समय नहीं मिला।'

'इतने पास जाकर थोड़ा सा समय तो निकाला ही जा सकता था।' कहकर वह चली गई।

इसके महीनेभर बाद, एक दिन अदालत जाने के लिए बाहर निकलते समय हरीश ने बहन को बुलाकर कहा, 'आज मेरे लौटने में शायद थोड़ी रात हो जाएगी, उमा! '

'क्यों दादा?'

उमा पास ही थी, धीरे-धीरे बात हो रही थी, परंतु कंठ-स्वर को ऊँचा चढ़ाकर किसी अदृश्य को लक्ष्य करते हुए हरीश ने उत्तर दिया, 'योगिनबाबू के घर एक जरूरी परामर्श करना है, देर हो सकती है।'

लौटने में देरी हुई; रात के बारह से कम नहीं। हरीश ने मोटर से उतरकर बाहर के कमरे में प्रवेश किया। कपड़े उतारते समय सुना, स्त्री ऊपर के जंगले से ड्राइवर को बुलाकर पूछ रही है, 'अब्दुल, योगिनबाबू के मकान से आ रहे हो शायद?'

अब्दुल ने कहा, 'नहीं माईजी, स्टेशन से आए हैं।'

'स्टेशन? स्टेशन से क्यों? गाड़ी से कोई आया था शायद?'

अब्दुल ने कहा, 'कलकत्ता से एक माईजी और बच्चा आया था।'

'कलकत्ता से? बाबू उन्हें लेने गए और घर पहुँचा आए शायद?'

'हाँ' कहकर अब्दुल गाड़ी को गैरेज में ले आया।

कमरे में हरीश ओट में खड़ा रहा। ऐसी संभावना की बात उसके मन में भी नहीं आई थी, ऐसी बात नहीं है, परंतु अपने नौकर से झूठ बोलने का अनुरोध करना, उससे किसी प्रकार नहीं हो सका। रात को ही शयन-गृह में एक कुरुक्षेत्र-कांड हो गया।

दूसरे दिन सबेरे लावण्य अपने लड़के को लिए घर आ उपस्थित हुई। हरीश बाहर के कमरे में था, उससे कहा, 'मेरा आपकी स्त्री से परिचय नहीं है, चलिए, बातचीत कर लूँ!'

हरीश की छाती के भीतर उलट-पुलट होने लगी। एक बार उसने यह भी कहना चाहा कि इस समय काम की बड़ी भीड़ है, परंतु यह कारण ठीक नहीं लगा। उसे साथ ले जाकर अपनी स्त्री के साथ उसका परिचय करा देना पड़ा।

दसेक वर्ष का लड़का और लावण्य। निर्मला ने उन्हें ससम्मान ग्रहण किया। लड़के को खाने के लिए दिया

एवं उसकी माँ को आसन बिछाकर बलपूर्वक बैठाया। कहा, 'मेरा सौभाग्य है, जो आपके दर्शन पाए!'

लावण्य इसका उत्तर देती हुई बोली, 'हरीशबाबू के मुँह से सुना था, आपने क्रमश: वार-व्रत और उपवास कर-करके शरीर को नष्ट कर डाला हैं। इस समय भी तो अधिक अच्छा नहीं दिखता।'

निर्मला हँसती हुई बोली, 'यह सब प्रशंसा करने की बातें हैं, परंतु यह सब उन्होंने कब कहा?' हरीश उस समय भी पास ही खड़ा था, वह एकदम विवर्ण हो उठा।

लावण्य ने कहा, 'इसी बार कलकत्ता में। खाने बैठे तो केवल आपकी ही बात! उनके मित्र कुशलबाबू के मकान से हम लोगों का मकान बहुत पास ही है न, छत के ऊपर से जोर से पुकारने पर भी सुनाई पड़ता है।...'

निर्मला बोली, 'खूब सुविधा से?'

लावण्य हँसकर बोली, 'किंतु केवल उसी से काम नहीं चलता था; लड़के को भेज, बाकायदा पकड़वाकर बुलाया जाता था।'

'अच्छा?'

लावण्य बोली, 'फिर जातीय कट्टरता भी नहीं छोड़ते-ब्राह्मों का स्पर्श किया हुआ खाते नहीं थे, मेरी

बुआ के हाथ तक का नहीं। सबकुछ मुझे स्वयं बनाकर परोसना पड़ता था।' यह कहकर वह हँसती हुई कौतुक सहित हरीश की ओर देखती हुई बोली, 'अच्छा, इसमें आपको क्या लज्जा थी, कहिए तो? मैंने क्या ब्राह्म-समाज छोड़ दिया है!'

हरीश का सर्वांग थरथराने लगा, उसकी मिथ्यावादिता प्रमाणित हो जाने से उसके मन में हुआ-- इतने दिन तक माँ वसुमती (पृथ्वी) ने कृपा करके शायद उसे पेट में रख छोड़ा था, परंतु अत्यंत आश्चर्य यह था कि निर्मला आज भयंकर उन्मादपूर्ण कोई कांड न करके स्थिर बैठी रही। संशय की वस्तु ने निर्विरोध सत्य के रूप में दिखाई देकर शायद उसे हतचेतन कर डाला था।

हरीश बाहर जाकर स्तब्ध, पीले पड़े मुँह से बैठा रहा। इस भीषण संभावना की बात स्मरणकर लावण्य को पहले से ही सतर्क कर देने की बात बहुत बार उसके मन में आई थी, परंतु आत्माभिमान हो या केवल मर्यादाहीन चोरी-छिपे का प्रभाव, किसी प्रकार भी इस शिक्षित और भद्र महिला के सामने वह कुछ कह नहीं सका था।

लावण्य के चले जाने पर निर्मला आँधी की भाँति कमरे में घुसती हुई बोली, 'छिह तुम झूठे हो! इतनी झूठी बातें कहते हो!'

हरीश आँखें लाल कर उछल पड़ा, 'खूब कहा! मेरी खुशी!'

निर्मला क्षणभर पति के मुँह की ओर चुपचाप देखती-देखती अचानक रो पड़ी; बोली, 'कहो, जितनी इच्छा हो झूठ कहो, जितनी खुशी हो मुझे ठगो, परंतु धर्म यदि है, यदि मैं सती माता की लड़की होऊँ, यदि शरीर और मन से सती होऊँ, तो मेरे लिए तुम्हें एक दिन रोना होगा, होगा!' कहकर वह जैसे आई थी अनबोल वैसे ही द्रुतवेग से बाहर निकल गई।

वार्त्तालाप पहले से ही बंद चल रहा था, जब अनबोल पक्का हो गया--नीचे के घर में ही सोना और खाना। हरीश अदालत जाता-आता बाहर के कमरे में अकेला बैठा रहता, नई कोई बात नहीं। पहले संध्या के समय एकाध बार क्लब में बैठता, अब वह भी बंद हो गया। कारण, शहर के उसी ओर लावण्य रहती थी। उसके मन को लगता--पति-प्राण पत्नी की दोनों आँखें, दस आँखें बनकर दसों दिशाओं में पति का हर समय निरीक्षण करती रहती हैं, वे कभी विराम नहीं लेतीं, विश्राम नहीं करतीं, मध्याकर्षण के न्याय से वे परे हैं। स्नान के पश्चात् दर्पण की ओर देखकर उसके मन को लगता--सती-साध्वी की इस अक्षय प्रेमाग्नि से उसके कलुषित शरीर के नश्वर मेद-मज्जा-मांस-शुष्क और निष्पाप होकर अत्यंत

द्रुत--उच्चतर लोक में जले जाने के लिए तैयार हो रहे हैं। उसकी अलमारी में एक कालीसिंह की महाभारत थी। जब समय नहीं कटता, तब वह बैठा-बैठा सती स्त्रियों के उपाख्यान पढ़ा करता। कैसा है उनका प्रचंड पराक्रम और कैसी हैं इनकी अद्भुत कहानी। पति पापी-तापी जो भी हो, मात्र पत्नी के सतीत्व के बल पर ही समस्त पापों से मुक्त होकर, अंत में कल्पभर वे दोनों इकट्ठे रहते हैं--कल्प कितना बड़ा होता है, इसे हरीश नहीं जानता; परंतु लगता है कि वह कम नहीं होता एवं ऋषियों-मुनियों द्वारा लिखित शास्त्र के वाक्य भी मिथ्या नहीं होते, यह बात सोचकर उनका स्वाँग विवश हो उठता। परलोक के भरोसे को जलांजलि देकर वह बिछौने पर लेटा हुआ बीच-बीच में इहलोक की भावना को सोचता, परंतु कोई मार्ग नहीं। अंग्रेज होने पर, मामला-मुकदमा चलाकर अब तक जो भी होता, कुछ रफा-दफा कर डालता। मुसलमान होने पर वह तलाक देकर बहुत पहले ही तय कर डालता, परंतु वह बेचारा है निरीह, एक पत्नीव्रती भद्र बंगाली--नहीं, कोई उपाय नहीं। अंग्रेजी शिक्षा से बहुविवाह नष्ट हो गए, विशेषकर निर्मला, जिसका चंद्र-सूर्य भी मुँह नहीं देख पाते, बहुत बड़े शत्रु भी जिसे बिंदु-मात्र कलंक नहीं लगा सकते, वस्तुत: पति से भिन्न जिसका ज्ञान-ध्यान ही नहीं है, उसी का परित्याग! बाप रे, निर्मल निष्कलुष हिंदू-समाज में क्या वह फिर मुँह

दिखा सकेगा? समाज के लोग खों-खों करके शायद उसे खा ही डालेंगे।

सोचते-सोचते आँख-कान गरम हो उठते, बिछौना छोड़कर मस्तक और मुँह पर पानी डालकर शेष रात्रि भी उसी कुर्सी पर बैठकर काट दी। इसी तरह शायद एक महीने से अधिक समय निकल गया। हरीश अदालत जाने को बाहर निकल रहा था, दासी ने आकर एक चिट्ठी उसके हाथ में दी, कहा, 'जवाब के लिए आदमी खड़ा हुआ हैं।'

लिफाफा खुला हुआ था, ऊपर लावण्य के हस्ताक्षर थे। हरीश ने पूछा, 'मेरी चिट्ठी किसने खोली?'

दासी ने कहा, 'माताजी ने!

हरीश ने चिट्ठी पढ़कर देखी, लावण्य ने बहुत दुःखी होकर लिखा है, 'उस दिन मेरी बीमारी आँखों से देख जाकर भी, फिर एक बार भी खबर नहीं ली कि मैं मर गई या जीवित हूँ, जबकि आप अच्छी तरह जानते हैं कि इस विदेश में, आपको छोड़कर मेरा अपना व्यक्ति कोई भी नहीं है। जो भी हो, इस यात्रा में मैं मरी नहीं, बच गई हूँ! परंतु यह चिट्ठी उसकी नालिश के लिए नहीं है। आज मेरे लड़के की जन्मतिथि है, अदालत से लौटते समय एक बार आकर उसे आशीर्वाद दे जाएँ यही माँगती हूँ--लावण्य!'

पत्र के अंत में 'पुनश्च' लिखकर जताया था कि रात्रि का भोजन आज यहीं करना होगा। थोड़ा सा गाने-बजाने का भी आयोजन है।

चिट्ठी पढ़कर शायद वह क्षण भर के लिए उदास हो गया। अचानक आँख उठाते ही देखा, दासी ने हँसी छिपाने के लिए मुँह नीचा कर लिया है अर्थात् घर के दास-दासियों के लिए भी जैसे एक तमाशे की बात बन गई है। क्षण भर में उसकी शिराओं का खून खौल उठा--क्या इसकी सीमा नहीं है? जितना ही सहता हूँ, उतनी ही क्या सताने की मात्रा बढ़ती चली जा रही है?

पूछा, 'चिट्ठी कौन लाया है?'

'उसके घर की दासी।'

हरीश ने कहा, 'उससे कह दो कि मैं अदालत से लौटकर आऊँगा।' कहकर वह वीर-दर्प से मोटर में जा बैठा।

उस रात घर लौटते हुए हरीश को वास्तव में बहुत अबेर हो गई। गाड़ी से नीचे उतरते ही देखा--उसके ऊपर के सोने के कमरे के खुले हुए जंगले के पास निर्मला पत्थर की मूर्ति के समान स्तब्ध खड़ी हुई है।

छह

डॉक्टरों के दल ने थोड़ी देर पहले ही विदा लो थी। पारिवारिक चिकित्सक वृद्ध ज्ञानबाबू जाते समय कह गए, 'शायद सब अफीम बाहर निकाल दी गई है। बहू के बचने में अब कोई शंका नहीं है।'

हरीश ने थोड़ी सी गरदन झुकाकर जो भाव प्रकट किए, वृद्ध ने उन पर ध्यान नहीं दिया; कहा, 'जो होना था, हो गया! अब पास-पास रहकर दो-चार दिन सावधानी रखने से विपत्ति दूर हो जाएगी।' 'जो आज्ञा', कहकर हरीश स्थिर होकर बैठ गया।

उस दिन बार-लाइब्रेरी के कमरे में बातचीत अत्यंत तीक्ष्ण और कठोर हो उठी। भक्त बीरेन ने कहा, ' मेरे गुरुदेव स्वामीजी ने कहा था, मनुष्य का कभी विश्वास मत करो। उस दिन गुसाईं बाबू की विधवा पुत्रवधू के संबंध में जो कांड प्रकट हो गया था, तुम लोगों ने तो विश्वास ही नहीं किया, बोले, 'हरीश ऐसा काम नहीं कर सकता!' अब देख लिया? गुरुदेव की कृपा से मैं ऐसी बहुत सी बातें जान सकता हूँ, जिनका तुम्हें सपना भी नहीं होता।'

ब्रजेन्द्र बोला, 'ओह! हरीश कितना धूर्त है! कैसी सती-साध्वी स्त्री है उसकी, फिर भी संसार का मजा देखता है। क्या केवल बदमाशों के ही भाग्य से ऐसी स्त्रियाँ मिलती हैं?'...

वृद्ध तारिणी चटर्जी हुक्का लिए गुड़गुड़ा रहे थे। बोले, 'निस्संदेह, मेरे तो सिर के बाल पक गए, परंतु "करैक्टर' (चरित्र) पर कभी कोई एक 'स्पॉट' (धब्बा) तक नहीं दे सका। फिर मेरे हुई सात-सात लड़कियाँ ब्याह करते-करते दिवालिया हो गया।'

योगिनबाबू ने कहा, 'हम लोगों की लड़कियों के स्कूल की निरीक्षिका लावण्यप्रभा ने महिलाओं को एक बार में ही अपना आदर्श दिखा दिया! अब तो गवर्नमेंट को 'मूव' करना ही उचित है।'

भक्त वीरेन बोला, "एब्सोल्यूट्ली नेसेसरी! (निश्चित रूप से आवश्यक है)।'

पूरा एक दिन भी नहीं बीत पाया, सती-साध्वी के पति हरीश के चरित्र को जाने बिना कोई भी बाकी नहीं रहा एवं मित्रवर्ग की कृपा से सब बातें उनके कान में भी आ पहुँचीं।

उमा ने आकर आँखें पोंछते हुए कहा, 'दादा, तुम दुबारा विवाह कर लो! '

हरीश ने कहा, 'पगली!'

उमा ने कहा, 'पगली क्यों! हमारे देश में तो पुरुषों के लिए बहु-विवाह था।'

हरीश ने कहा, 'तब हम लोग बर्बर और जंगली थे।'

उमा जिद करती हुई बोली, 'बर्बर किसलिए? तुम्हारे दुःख को और कोई नहीं जानता, पर मैं तो जानती हूँ। संपूर्ण जीवन क्या इसी तरह व्यर्थ चला जाएगा?'

हरीश ने कहा, "उपाय कया है, बहन? स्त्री त्यागकर फिर विवाह कर लेने की व्यवस्था पुरुषों के लिए है, सो जानता हूँ; परंतु लड़कियों के लिए तो नहीं है। तेरी भाभी भी यदि इसी रास्ते को अपना सकती, तो मैं तेरी बात मान लेता, उमा!'

'तुम जाने क्या कहते हो दादा!' कहकर उमा नाराज होकर चली गई। हरीश चुप होकर अकेला बैठा रहा। उसके उपायहीन, अंधकारमय हृदय-तल में से केवल एक बात बार-बार उठने लगी, 'रास्ता नहीं है! कोई रास्ता नहीं है!' इस आनंदहीन जीवन में दुःख ही ध्रुव निश्चित बन गया है।

उसके बैठने के कमरे में तब संध्या की छाया गहन होती चली आ रही थी। अचानक उसे सुनाई पड़ा, पास के मकान के दरवाजे पर खड़ा हुआ वैष्णवी-

भिखारियों का दल, कीर्तन के स्वर में दूती का विलाप गा रहा है -दूती मथुरा में आकर ब्रजनाथ की हृदय-हीन निष्ठुरता की कहानी रो-रोकर सुना रही है। उस समय उस अभियोग का क्या उत्तर दूती को मिला, सो नहीं जानता; परंतु यहाँ वह ब्रजनाथ के पक्ष में बिना पैसे का वकील बनकर खड़ा हो, तर्क-पर-तर्क एकत्रित कर मन-ही-मन कहने लगा, 'अरी दूती, नारी का एकनिष्ठ प्रेम बहुत अच्छी वस्तु है--संसार में उसकी तुलना नहीं, परंतु तुम तो सब बात समझोगी नहीं; कहीं भी नहीं है, परंतु मैं जानता हूँ कि ब्रजनाथ किसके भय से भाग गए एवं इक्कीस वर्ष तक फिर क्यों उधर देखा भी नहीं! कंस-टंस की बातें सब झूठी हैं--असली बात श्रीराधा का यही एकनिष्ठ प्रेम है।' थोड़ा सा रुककर कहने लगा, 'तब उस समय तो बहुत सुविधा थी कि मथुरा में छिपकर रहा जा सकता था! परंतु इस समय बड़ी कठिनाई है--न कहीं भागने की जगह, न कहीं मुँह छिपाने का स्थान! अब यदि भुक्तभोगी बज्रनाथ दया करके अपने शरणागत को तनिक जल्दी ही अपने चरणों में स्थान दे दें, तो वह बच जाए!'...